Miniature World
ミニチュアワールド

The world of miniature artisans
〜中村和子の世界〜

大日本絵画

Message to the publised

I knew her when she invite me to come to Japan and do the show.
Unfortunately, it was not time for me to come, So she offer to take some of my items to introduce in Japan.
Then we knew each other and continue very nice friendship now.
Kazuko always has been very kind and easy going. Easy to talk too and make fun.
I know she work so very hard for the Guild Show to total exhaustion. Kazuko sacrifice here life so much for miniatures.
I respect that. The amount of energy this lady has is amazing. She can work for miniatures until she pass out. She need a medal of honor in my opinion.

Scott Hughs

ミニチュア照明器具作家
スコット・ワインファード・ヒューズ

It has been such a pleasure knowing Kazuko. Upon meeting her through our membership in the International Guild of Miniature Artisans, her very generous nature and kindness has made her a shining star in my eyes. She is always so willing to share her many talents and offers such encouragement to others. I am honored to call Kazuko my friend.

ミニチュアニードルワーク 作家
アネール・ファーガソン

Index

ミニチュアの世界にようこそ／中村和子 — 4

◆ **MIniatures displayed in roombox** ◆
ルームボックスを使って — 6
　Silverware shop ◆ 銀器ショップ — 6
　Lottery doll shop ◆ 陶器人形ショップ — 10
　Kitchen ◆ キッチン — 14
　About "roombox" ◆ ルームボックスについて — 18

◆ **Maestors of the minuture world** ◆
ミニチュア界の巨匠たち — 19
　Wm.R.Robertson (Bill Robertson)
　ウィリアム・R・ロバートソン（ビル・ロバートソン） — 23
　John Davenport ジョン・ダヴェンポート — 28
　Noral Olson ノーラル・オーソン — 30
　Ferd Sobol フェルド・ソボロ — 32
　Geoffrey P. Wonnacott ジェフリー・P・ウォンナコット — 36
　Scott Winfried Hughes スコット・ワインファード・ヒューズ — 40
　Phyllis Tucker フィリス・タッカー — 43
　Obadiah Fisher オバダイア・フィッシャー — 45
　Jens Torp ジン・トープ — 48
　Pete Acquisto ピート・アキスト — 50
　Jane Graber ジェン・グレーバー — 52
　Robert Olszewski ロバート・オルザスキー — 54
　Annelle Ferguson アネール・ファーガソン — 56
　Kerry Pajutee ケリー・パジェ — 60
　Mary McGrath マリー・マッグラフ — 62

◆ **A way of enjoying miniature～according to the theme～** ◆
ミニチュアの楽しみ方 — 64
　椅子 — 66
　テーマ別の食べ物(食品) — 68
　Tea セッティング — 76
　お気に入りの皿 — 75
　アルミと銅の調理器具 — 76
　アンティーク＆アンティーク風のガラス器 — 78
　凝った細工の小物たち — 80
　アメリカンフォークアート — 82
　絵画と花 — 84
　物語の世界から — 86
　季節作品の制作例 — 88
　BOXで遊ぶ — 92
　ミニチュアの入れ替え — 96
　クマのぬいぐるみ — 98
　既製家具をアレンジした作品作り — 99
　実物とミニチュアの比較 — 100
　1/6サイズの家具 — 103

ミニチュアの歴史 — 104
I.G.M.A.（国際ミニチュア作家協会） — 106
世界のミニチュアショー — 107
ジャパンギルド（日本ミニチュア作家協会） — 108
中村和子ヒストリー～ミニチュアとの歩み～ — 110

I first met Kazuko Nakamura when she came to The United States to one of my classes at the Guild School in 1997. Kazuko sponsored me to come to Japan many times to teach and these trips were arranged and organized perfectly. Her willingness to explain Japanese culture, history, customs and food made these so much fun. Acting as an ambassador for miniatures in Japan and the Japan Miniature Guild she has helped so many artists, museums and collectors learn about the wonderful work being done there. She also knows many of the important artists from both the USA and Europe and has written about them in her books. Kazuko has attended most of the important miniature events including the opening of the museums in Maysville, Kentucky and Kansas City Missouri. She probably knows more about fine scale miniatures than anyone in Far East and I am so privileged to have her as a dear friend.

ミニチュア作家
ウィリアム・R・ロバートソン（ビル・ロバートソン）

ミニチュアの世界に ようこそ

Welcome to the world of the miniature

日本ミニチュア作家協会・アーティザン会員
国際ミニチュア作家協会・アーティザン会員

中村和子
Kazuko Nakamura

1950年　東京に生まれる
1959〜1963年　ブラジル・リオデジャネイロに在住する
1969年　全日本空輸株式会社に入社する
1971年　退職後結婚する
1983年　独学でミニチュアの制作を開始する
1987・1988年　大阪にて個展を開催する
1988年〜　海外作家とのコンタクトを開始。彼らの講習を受ける
1990年〜　ミニチュアやドールハウスの指導を開始する
1996年　国際ミニチュア作家協会[IGMA]よりARTISANの認定を受ける
2000年　日本ミニチュア作家協会[Japan Guild]の発足に携わる
2002年　IGMAの講師を務める
2013年　IGMAよりThe Don Buttfield アワードを授与される

　私がミニチュアの世界にのめり込んだのは、主人の転勤で大阪に移り住んだことがきっかけでした。慣れない土地での生活になじめず、時間をもてあましていた私は、子供のときに父の転勤先の外国で遊んでいたブリキのドールハウスのことを思い出し、ミニチュアについて学びはじめたのです。

　本来、ドールハウスとは、誰もが楽しめる遊びです。ちいさな空間にちいさなもの、すなわちミニチュアをつかって「自分の世界」を作って楽しむのが目的ですから、精巧さなどに、特別重要性を求める必要はありません。いかに楽しく遊ぶか、空想をふくらませることができるかが重要だといえます。しかしながらサイズについては、現在は1/12が世界の統一サイズとなっています。

　それに対してここで紹介するミニチュアは、見本となる実物が存在し、それを1/12にしたものをいかに作りあげるかという世界です。ですので、できばえの優劣や希少性などによって、コレクターが生まれる要素があります。ひとつひとつ、ゆっくりと時間をかけて集めていく、大人の遊びなのだと思います。といっても、お金に任せてただ集めるのではなく、自分の「思い」や空想をふくらませながら、じっくりとコレクションを完成させていくのです。ドールハウスで遊ぶだけではない、そんな遊び方もあることも、ぜひ知っていただきたいと思います。

自分が本当に気に入ったものを、ひとつずつ集めるのがコレクションの基本です。

I got fascinated with the world of fine miniatures, when I moved to Osaka with my husband on his assignment there. Unaccustomed to a life in a strange place, but full of spare time, I began learning about miniatures, recalling my childhood days. Back then, I used to play with tin dollhouses in a foreign city where my father was expatriated to.

Everyone should be able to enjoy doll houses as a hobby. It is all about building your own world in a small space with small things: miniatures. You don't have to seek strict precision in enjoying doll houses. More important is to have fun with playing, to open up your imagination. There are no restrictions except that 1/12 scale is the world standard today.

By contrast, the world of miniatures that I show you here is more serious. Your challenge is to replicate a real-life subject in a 1/12 scale piece of fine art. Meticulously crafted masterpieces and rare items are often sought after by collectors. It is a sophisticated hobby to build your collection one by one, slowly over many years. Money alone cannot buy you everything overnight; without haste, you have to grow your collection along with your imagination and wishes. I would like you to appreciate something beyond just having fun with doll houses.

た言葉です。けれど、今では、夢は「かなう」ものではなく「見続けるもの」であり、かなうのは「思い」であると身にしみます。

　すべてが思い通りでなくても、何かのきっかけが生まれることで、それが発展し、やがて知らないうちにかたちとなっていく。それでよいのではないでしょうか。「思い」にはもともと具体的なかたちなどなく、すべて自分のなかでのことなのですから。夢を見続け、「思い」のために行動することで、私にとって何ごとにも代えられない時間が過ぎていきました。それは、本当に幸せなことです。

　私のコレクションは、けっしてコレクターとして集めたものではありません。限られた経済のなかから、それでいて、ほしいものを妥協することなく、時間をかけて手に入れた結果です。
　指導を受けた先生の作品を「記念にひとつ手元に置きたい」と思ったものや、「いつかこのレベルに到達したい」と願ったもの、あまりのすばらしさに感動して手に入れたものなど、ひとつひとつになにものにも代えがたい思い出が詰まっています。

　ミニチュアと出会ってからあっという間の30年。私のコレクションは、長い年月の集大成です。いちサラリーマンの主婦であった私が今日に至れたのは、周りの方とのめぐり逢いの賜物にほかならないと思います。
　これまでの経費や購入金額などを考えると、誰もができることではないとお叱りを受けるかもしれません。でも、「かなう思い」とは、何かのかたちで、どなたの手にも届くところにあるのではないでしょうか。
　行動を起こすこと、そして、時間をかけることの大切さを感じつつ、改めて、今までめぐり逢った方々と私の家族に感謝したいと思います。ありがとうございました。

作品を手に入れるためのさまざまな苦労も、かけがえのない思い出のひとつです。

But now I see we just keep dreaming. Coming true are not our dreams but our wishes. Even if things do not go exactly as we wanted, they may bring forward a chance, which can develop and eventually take shape beyond our imagination. That is all right. By definition, our wishes have no concrete shapes; they are all inside us. While I kept dreaming and took action for my wishes, the time I spent was priceless. I really appreciate that I could do so.

Not as a collector did I buy miniatures. Rather, as an artisan, I acquired them over many years, within my budget but without compromises. I got one as a memento of my master, another as my goal that I would strive for, and yet another for its splendor. Every piece is full of my memory.

Since I first met miniatures, thirty years passed like a moment. My collection grew over those years. A housewife married to an ordinary salaried worker, I was gifted to meet those people who helped me carry on till today. Some may argue that not everyone can afford what I have spent. But I believe realizing wishes are somehow within everyone's reach. The key is to take action and to take time. Once again, my most heartfelt thanks for those peoples and my families.

The basics of collection is to get what you really like, one by one.

Various difficulties I had in acquiring pieces became part of precious memory.

The act you took and the time you spent eventually take shape as your collection.

自身の行動と費やした時間が、やがてコレクションというかたちになるのです。

Miniatures displayed in roombox

ルームボックスを使って

Silverware shop
銀器ショップ

ルームボックスという箱を使って、ミニチュアをドールハウス風に飾りました。ミニチュアといえばこういうスタイルを思い浮かべる人も多いでしょう。最初からすべてセッティングされたものを買うことも可能ではあるのですが、中村氏のようにゴールを定めずに一品一品にこだわりを持って集め、飾り方のセンスを磨いていけば、やがて世界でただひとつの「コレクションの集大成」を表現できるようになります。そして、それがミニチュアコレクションの奥深さや醍醐味といえるのです。

銀製のティーセットや食器などを扱うお店をイメージしてセッティング。ここで飾っている銀器類は、中村コレクションの集大成といえるもので、それぞれに思い出があります。現在は入手できないアイテムが含まれるため、その価値や価格は年々上昇しています。

奥のキャビネットはFerd Sobol氏、
銀器はObadiah Fisher氏とPete
Acquisto氏の作品です。

シャンデリアはPhyllis Tucker氏の作品。このセットのために作られた一点物で、金属部分は銀器というテーマに合わせ、金ではなく銀を使っています。

Pottery doll shop
陶器人形ショップ

陶器人形のお店をイメージしました。ディスプレイする商品を入れ替えれば、さまざまなショップを作りだすことができます。人形、ぬいぐるみ、食器など、同じテーマのミニチュアを集め続け、こうしたかたちで飾ってみるのも楽しみ方のひとつです。

奥の棚は商品をライトで照らすことが
できます。左側に飾られている絵は、
Johannes Landmanの作品です。

ブロンズ製の陶器人形の作者は、Robert Olszewski、Randall Zadarほかです。

Kitchen
キッチンルーム

　キッチンにまつわるミニチュアを集めたルームボックスです。高価なコレクターズアイテムはありませんが、中村氏によれば、「憧れだったアメリカのキッチンが、ミニチュアで実現できて満足」とのこと。少しずつコツコツと集める楽しさを堪能できるので、誰にでも勧められる遊び方です。

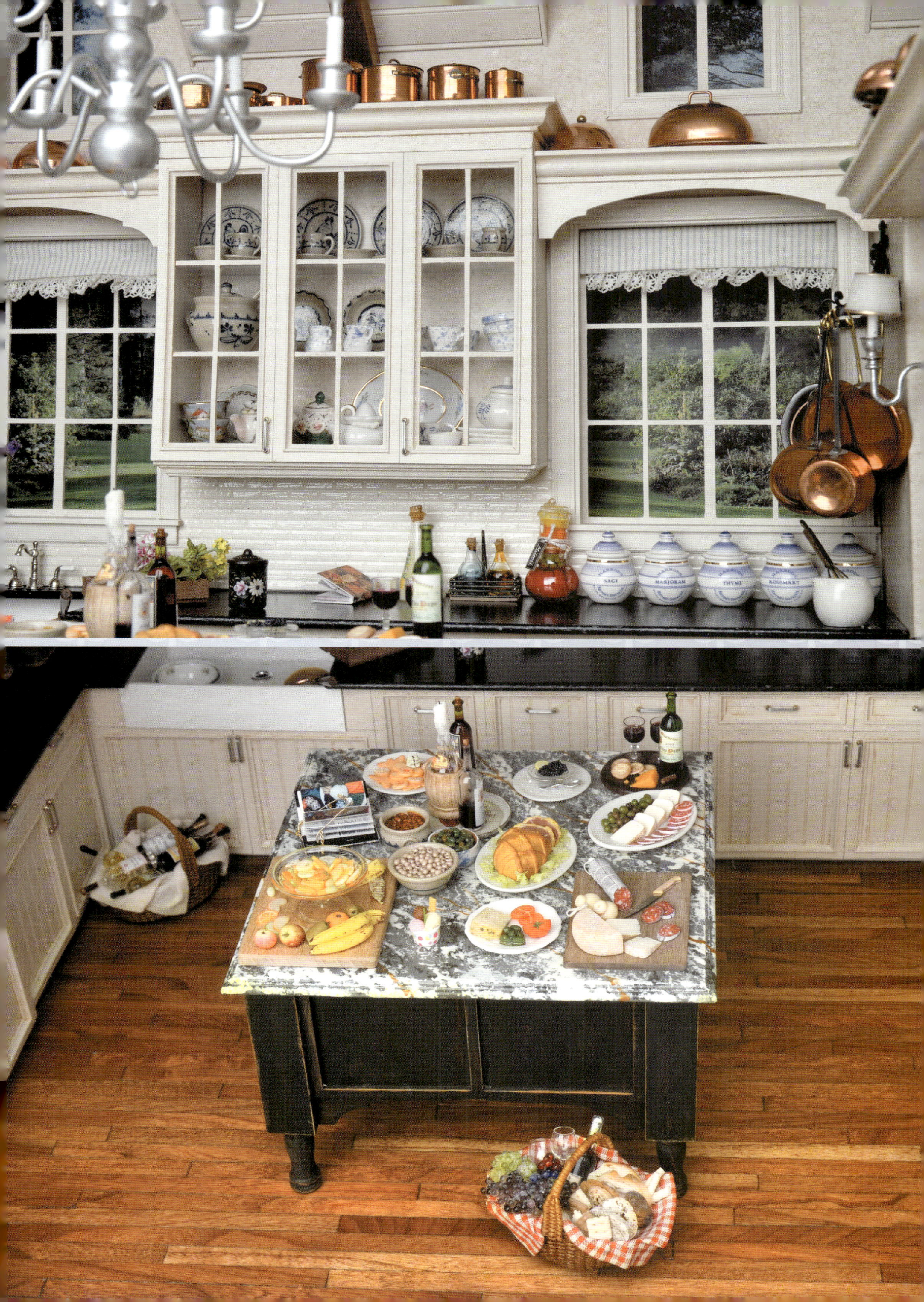
SAGE
MARJORAM
THYME
ROSEMARY

戸棚のなかにはライトが設置されていて、明かりを灯すことができます。

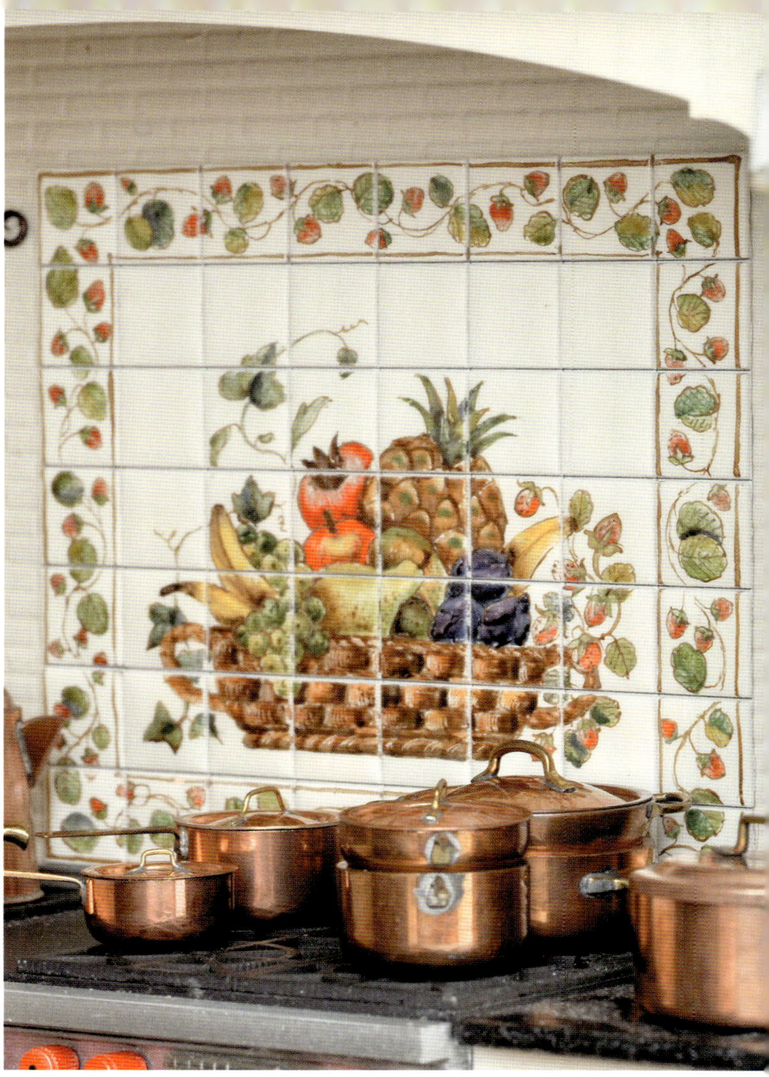
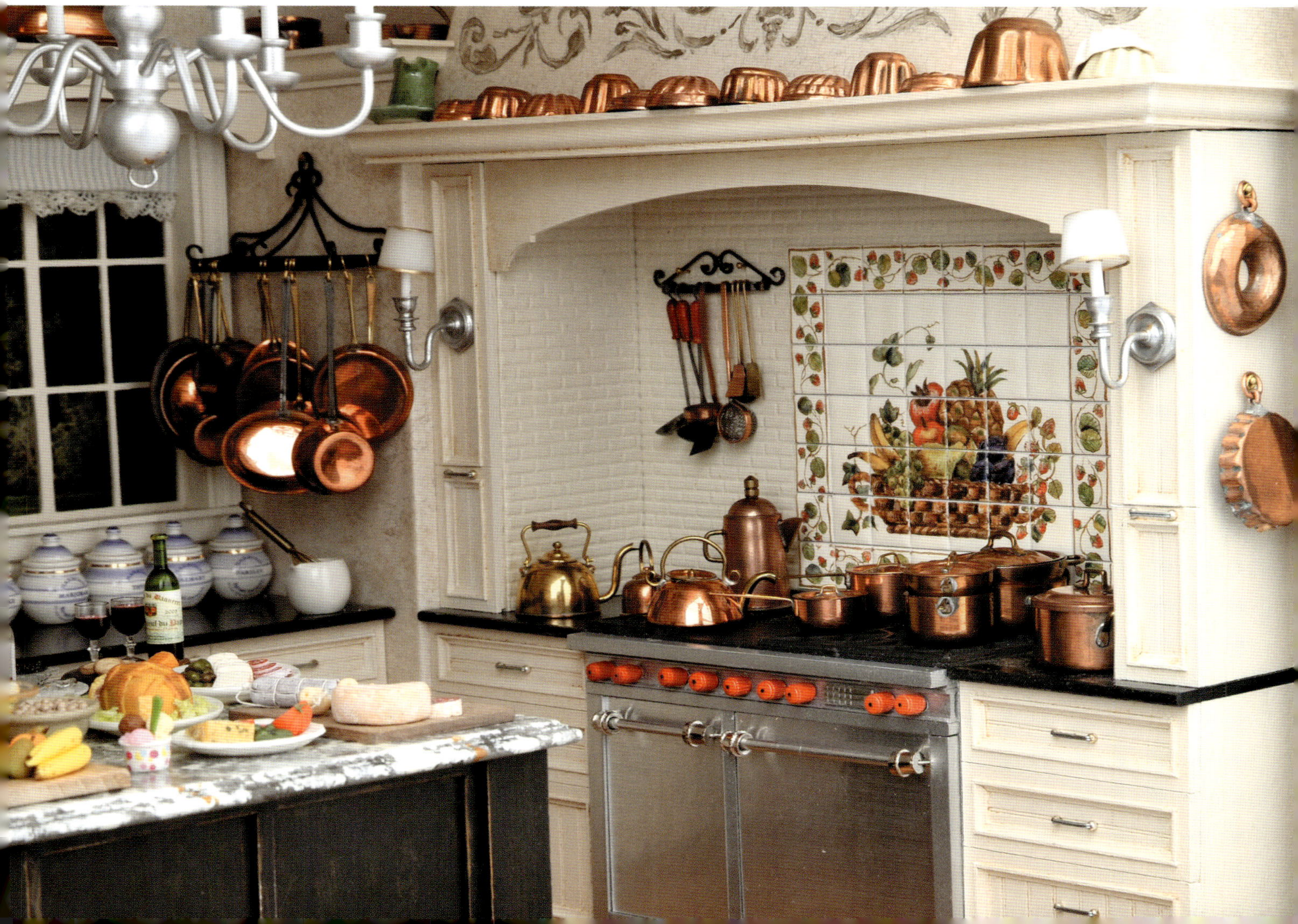

About "roombox"
ルームボックスについて

ルームボックスは完成品を買うこともできますが、講習会に参加したり、キットを購入することで自作することも可能です。

この本で使用している3つのルームボックスをデザインしたのは、インテリアデザイナーのRay Whitledge氏とScott Burgess氏。ライティングの施し方に特徴があります。

中村氏はルームボックスの作り方を覚えるために渡米して、彼らの講習会に参加しました。そのときに制作したのがNO.11 BOND STREETです。5日間泊まり込みで両氏の手ほどきを受け、ほぼ完成させてから日本に持ち帰りました。

ルームボックスの作者
Ray Whitledge & Scott Burgess

1994年よりミニチュアの制作を開始。祖母の提案でクラフト及びドールハウスを建てたことからこの世界に入る。

実際のインテリアデザイナーとして、現在も確固たる地位を築いている人物たちであり、彼らはミニチュア用ボックスの美しさでも定評があり、高い人気を誇っている。

ボックスのみの制作講座を全米各地で開いており、およそ42時間から60時間での完成を目標とするが、実際はその前後に自宅学習が必要。時間的にはさらに3割強を見込む必要がある。講座は大人気で、開催を待ちわびる人も多い。

両氏の作品は、HP（Whitledge-Burgess LLC）で写真を見ることができる。実物ならば、台湾のMiniatures Museumに多くが飾られている。

CLASSIC CUISINE
クラシックキュイジーヌ

A GEORGIAN STYLE SHOP
ジョージアンスタイルのお店

NO.11 BOND STREET
ボンドストリート11番

Maestros of
the miniature world

ミニチュア界の巨匠たち

中村コレクションのなかから厳選した名アーティストたちの作品を、作家別にご紹介します。彼らの個性と匠の技をお楽しみください。

Miniature Artists
作家紹介

この章で取り上げるのは、中村氏のコレクションのなかから厳選された逸品ばかり。それらを作ったのは、世界に名だたるミニチュア作家15人です。ここでは彼らのプロフィールや作風を紹介。作品はもちろん、作家自身への敬意も込め、中村氏から彼らへの思いも添えています。

Wm. R. Robertson (Bill Robertson)
ウィリアム・R・ロバートソン（ビル・ロバートソン）　P.23

1977年より活動を開始、現在も一線で活躍している。ミニチュア制作をはじめたきっかけは、母がドールハウスをほしがったためで、彼女のために「妥協のない大人のドールハウス」を完成させた。つねに心がけているのは、制作するたびによりよい作品になること。

From Kazuko
Billは、ミュージアムや一部のコレクターのみが所有するような、ハイクオリティーな作品のみを作る作家です。私のミニチュアに対する制作姿勢・見極める目をご指導いただいている大切な師でもあります。IGMAスクールで初めて出会い、そのときは雲の上の存在でした。
私自身はIGMAスクールで3回にわたり指導を受け、その後、日本にお招きして3回の講習会で講師を務めていただいています。現在では、彼が気を許す数少ない友人のひとりとして交際が続いています。

John Davenport
ジョン・ダヴェンポート（ダバンポート）　P.28

家具工房の弟子として7年、マスター制作者として18年間、実寸の家具制作に従事。その後、アンティークの修復師として9年間を過ごす。
1977年より本格的にミニチュア家具の制作を開始。制作のおよそ1/3は特別注文である。彼のサインにはナンバリングはなく、名前のみが書かれている。すべての象嵌細工がフリーハンドで仕上げられていることもあり、彼の作品にはひとつとしてまったく同じものがない。

From Kazuko
彼の象嵌細工の講習は、まったく触れたことのない技術の数々を学ぶことができる、本当に楽しいものでした。奥様もすばらしいニットのミニチュア作品を作られる方で、ミニチュアの奥深さを改めて感じさせてくださったご夫妻でした。

Noral Olson
ノーラル・オーソン　P.30

家具デザイナーをリタイア後、趣味で作ったミニチュア家具が有名コレクターの目に留まったのがきっかけになりミニチュア制作に携わるようになる。気品がある作風でまたたく間に有名になり、ミニチュア家具作家として30年以上にわたって本格的に活躍している。

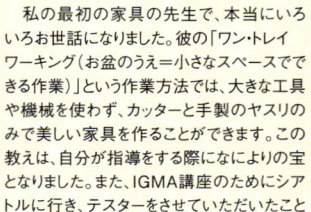

From Kazuko
私の最初の家具の先生で、本当にいろいろお世話になりました。彼の「ワン・トレイワーキング（お盆のうえ＝小さなスペースでできる作業）」という作業方法では、大きな工具や機械を使わず、カッターと手製のヤスリのみで美しい家具を作ることができます。この教えは、自分が指導をする際になによりの宝となりました。また、IGMA講座のためにシアトルに行き、テスターをさせていただいたこともよい思い出になっています。

Ferd Sobol
フェルド・ソボロ　　　　　　　　　　P.32

　1981年よりミニチュアの制作を開始する。"工房の魔術師"と呼ばれている。
　もともとは実寸の建築と高級家具の制作を行なっていたが、アレルギーの悪化により転職を余儀なくされる。
　しかし、木工からは離れたくなかったため、スケールダウンしてミニチュア家具を作ることになった。

From Kazuko
　美しい家具のフォルムに定評がある方です。手仕事ではなく、機械を使って家具制作を行なう方法を教えてくださった先生で、ご自宅に泊めていただきながら指導を受けました。ひとりで作るだけではなく、分業する制作方法や、ビジネスの方法についても示唆していただきました。"日本の娘"と呼んでかわいがってくださっています。

Geoffrey P. Wonnacott
ジェフリー・P・ウォナコット　　　　　P.36

　青年時代から木工関係の仕事に携わっており、1989年ごろ、ミニチュア家具の仕事が持ちこまれたことをきっかけに、本格的に制作を開始した。
　1/16～1/96サイズのチェスゲームテーブルで 数々のミニチュアコンペションで最高位を得る。London Dolls house Festivalから本格的に1/12の家具制作を開始。ミニチュアでは表現不可能と思われるような細部にこだわり、木材もその時代のものを実寸の家具から調達する。特に木目には細心の注意を払う。

From Kazuko
　彼の製作姿勢に感銘を受け、日本での指導を依頼しました。2年ごとに、ジャパンギルドショーのあとに3日間の特別講習を実施しており、その回数はすでに4回目を迎えています。彼のもの作りの考え方や姿勢から、多くを学んでほしいと考えて開いた講座です。

Scott Winfried Hughes
スコット・ワインファード・ヒューズ　　P.40

　1975年高校生のときに、実物の実験用飛行機を作ったのが制作活動のはじまり。ミニチュア制作は1986年に開始した。
　モデルボート、ロケット、飛行機など、いつも"生活のなか"にモデル制作がある。以前はミニチュア全般のすべてを手作りしていたが、現在は精密なライトの制作を本業としている。妥協のない、自分が納得する仕事をしていきたいと考えている。

From Kazuko
　彼はミニチュア界全体のことを憂慮し、一時は自分自身でミニチュアショーを企画運営していました。妥協のないもの作りへの姿勢はいつも頭が下がります。彼の作るライトは隅々まで神経が行き届いており、ミニチュアとは思えない存在感があります。私にとって、的確なアドバイスで助けてくれる友人です。

Phyllis Tucker
フィリス・タッカー　　　　　　　　　P..43

　1975年に本格的なミニチュア制作を開始。最初は壁の飾りモールド等、ドールハウスを建てるための飾りのデザインを手がけていた。スワロスキーのクリスタルビーズとの出会いから、現在のシャンデリアのスタイルを発案。ガラス作家のAlbert Ferenc Jとのコラボレーションで芸術的な作品を制作する一方で、「誰もが手軽に自分のドールハウスのなかにシャンデリアを入れられるように」と、クリスタルビーズを使ったキットを提供している。

From Kazuko
　私にとってはアメリカのゴッドマザー。いつも見守っていただいているような安心感をくださる方です。今では家族ぐるみのおつきあいに発展していますが、いまだに助けていただくことばかり。本当に面倒見がよく、とりわけ、がんばっている新人アーティストへの援助を惜しまない方です。
　大きな病に倒れられましたが、無事に寛解し、再びショーでお会いできるようになったことはこのうえない喜びです。

Obadiah Fisher
オバダイア・フィッシャー　　　　　　P.45

　1966年にニューヨークで宝石デザイナーになり、流行のデザインよりも、クラシックな文化を取り入れた作品の制作に目覚める。1977年にオーダーとワックスモデルの制作で独立し、メトロポリタン美術館で開催された古代エジプト展の宝石をプロデュースする。
　1977年に、コレクターからティーセットのミニチュアの制作を依頼されたことをきっかけに、本格的なミニチュア作家となる。

From Kazuko
　彼の作品は、細部まですべて手作業で作られており、もっとも美しいミニチュア銀器と評価されています。一目見て彼の作品とわかるものが多いです。
　彼の銀器と出会ったことをきっかけに、私は自分の専門を家具に決めました。また、彼の銀器を手に入れたことが、のちに大きなコレクションへと発展していきます。大好きで大切な銀器たちです。
　残念ながら、現在はリタイアされており、彼の作品はオークションでも毎年値が上がってしまっています。

Jens Torp
ジン・トープ　　　　　　　　　　　　P.48

　ミニチュアの制作を開始したのは1991年ごろ。かつては、有名ジュエリーショップで制作を手がけていたが、独立後に友人の勧めでミニチュア作品を作り始める。
　作品はおもにGeorgeII、III、Edwardian、Victorianが多いが、現代作品もデザインする。時代に応じた紅茶やコーヒーのセットの制作を好み、「我が家のキッチンドアのわずか10歩先の、庭の見える小さな机で作業をしている。愛犬と自分の愛蔵品に囲まれたこの場は、なににも代えがたい」と語っている。

From Kazuko
　ショーでお目にかかったのは比較的最近の作家さんです。彼の作品を初めて見たときは、その美しさに思わず足を止めました。ヨーロッパ特有のおしゃれな方で、彼の作品も、銀のアクセサリーとして実際に身につけられるのではと思うものがあります。

Pete Acquisto
ピート・アーキスト　　P.50

　1969年に宝飾制作を開始。ミニチュア制作をはじめたきっかけは、1979年に銀器のミニチュアを妹に見せられたこと。初作品は、妹の友人の依頼で作ったコーヒーポット、お皿、ゴブレット。つねにハイクオリティーな作品作りを心がけ、それを提供することを楽しんでいる。 
　作品を通じて世界中に友人が増え、自分の作品がほかのミニチュアとあいまって、無限のすばらしい世界が生み出されることに大きな喜びを感じている。

From Kazuko
　現在のミニチュア界における銀作品の第一人者です。奥様が日本人であったことから、いろいろな面で助けていただいたご夫妻です。
　私の銀コレクションのなかには、多くの彼の作品が入っています。コレクター向けの作品が多くなった最近では、私の手には負えない高額作品が増えましたが、分割支払いなどの便宜を図ってくださり、そのおかげでコレクションに加えることができています（昨年夏に奥様が急逝されました。おひとりでのショー参加に心が痛みます）。

Jane Graber
ジェン・グレーバー　　P.52

　1980年より制作を開始し、活動年数は34年。オハイオ州のSauder Museumで5年間、実物の陶工として働いていた際、美術館からミニチュアサイズの依頼を受け、ちいさなボウルを作ったのがきっかけ。その後、それを見たミニチュアショップのオーナーから依頼を受け、ミニチュア制作に入る。
　作品のベースは1800年代のアーリーアメリカン陶器であり、歴史的なものに関連して、心惹かれた伝統の陶器や、自分自身のルーツであるドイツのペンシルバニアに流れをくむ赤色陶器に思いが深い。

From Kazuko
　彼女の作品にはいつもホッとする温かさがあり、必ずといってよいほど、ひとつを手に入れた人はコレクションにハマってしまいます。陶器独特の温かさにも増して、彼女の人柄が表れている作品ばかり。いつも手抜きのない制作姿勢を感じています。

Robert Olszewski
ロバート・オルザスキー　　P.54

　ヨーロッパの有名ポーセレンフィギュアから題材をとったミニチュア制作で知られ、最後はディズニーの名場面のミニチュアも人気があった。現在はリタイアしたといわれている。

From Kazuko
　かつてはご本人から作品を購入できたのですが、今は全くショーに参加されないので、さみしい思いです。作品を買うと、必ず、その場でサインを入れて手渡してくださいました。優しい研究者のようなたたずまいで、ひげを生やすと『鉄腕アトム』のお茶の水博士にそっくりでした。

Annelle Ferguson
アネール・ファーガソン　　P.56

　1980年より制作開始。1978年に娘のために作ったドールハウスがきっかけでミニチュアの世界を知り、1/12ニードルワークの世界を確立。歴史的な題材や生活様式を課題にすることで、女性の歴史をかいま見、それを1/12の世界で表現することを楽しんでいる。

From Kazuko
　ニードルポイントと呼ばれる刺繍のミニチュア制作の第一人者です。作品には気品があり、完成度でも群を抜いています。
　初めてI.G.M.A.スクールに参加した際にOlson先生のクラスをともに受講し、以来、親交を深めています。すばらしい人柄は誰からも愛され、いつも穏やかな気分に導いてくれます。

Kerry Pajutee
ケリー・パジェ　　P.60

　1987年よりミニチュアの動物を制作開始。1975年から陶器類で1/8や1/4の動物を制作していたが、ポートランドのショーで見た1/12のすばらしい作品に魅了され、自身でも1/12、1/24サイズの制作を開始する。
　自分の想像のなかで作った動物たちが、それを手にした人たちの笑顔を誘うことが幸せ。今もテクニックの向上を心がけ、製作を楽しんでいる。

From Kazuko
　お礼の手紙がきっかけで交流がはじまり、今ではオリジナルの作品を作っていただけるまでになりました。不思議な縁はどこかで実を結ぶもので、ほしいといいださず作品が手に入ったときは自分の強運を信じました。彼女の作品は、オークションか「協会テーブル」と呼ばれるブースでしか購入できないため、ショー開始の数時間前から並んだこともありました。

Mary McGrath
マリー・マッグラフ　　P.62

　1979年より制作を開始し、35年間、野生生物の彫刻を作っている。収入の手段としても変化のある芸術に魅力を求めたため、ミニチュアの鳥や動物の彫刻制作をはじめた。

From Kazuko
　画家であったことから、情景のセッティングには定評があり、今にも動きだしそうな作品が多くあります。彼女の作品は本当に自然で、じっと眺めていると、鳥のさえずりや動物の声が聞こえてくるようです。すべてが自然の流れのなかで動いていて、心休まる作品ばかりです。そっとそばにおいておけるミニチュアならでの存在感なのかもしれません。

Wm.R.Robertson (Bill Robertson)
ウィリアム・R・ロバートソン（ビル・ロバートソン）

→ Toolbox 工具箱 ←

　ミニチュア化は不可能と思えるような品々を見事に作り上げてしまうのがRobertson氏。彼の教え子であると同時に、友人でもある中村氏は「彼の技術の高さと芸術的センスは、次元を超えている」と評しています。複雑で繊細な作品が多いため、制作数が限られているのも特徴です。

　まずは、彼の代表作のひとつである工具箱をご紹介します。これは、現在では、美術館や一部のコレクターのみが所有しており、最低でも60万円以上の価格がつきます。

原寸大

鍵穴にはちいさな鍵が差し込まれています。もちろん、実際にロックすることが可能です。また、右端に写真が貼られていることが、中村氏用に作られたものである証。ほかのエディションの写真は左側なのだそうです。

原寸大

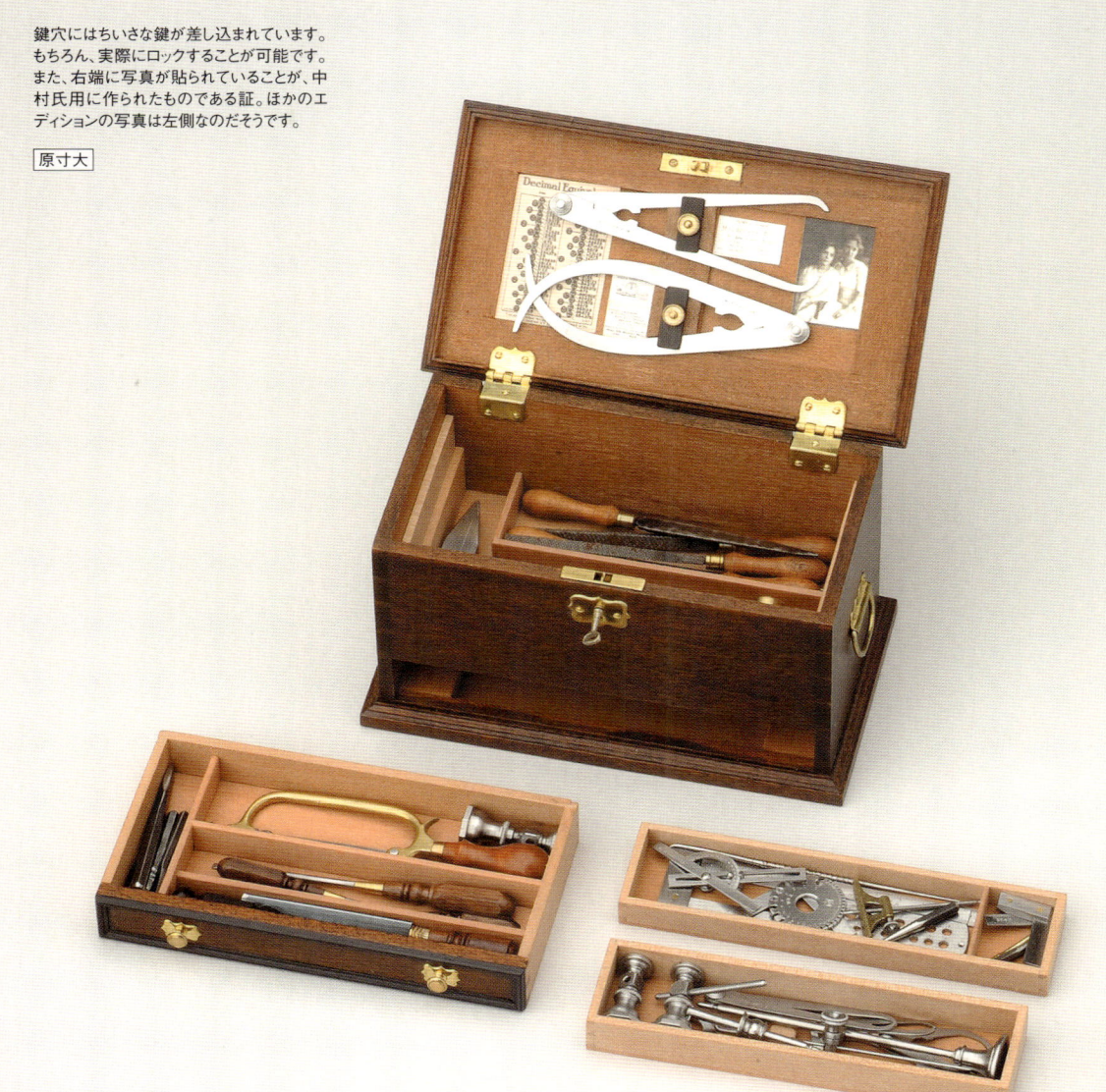

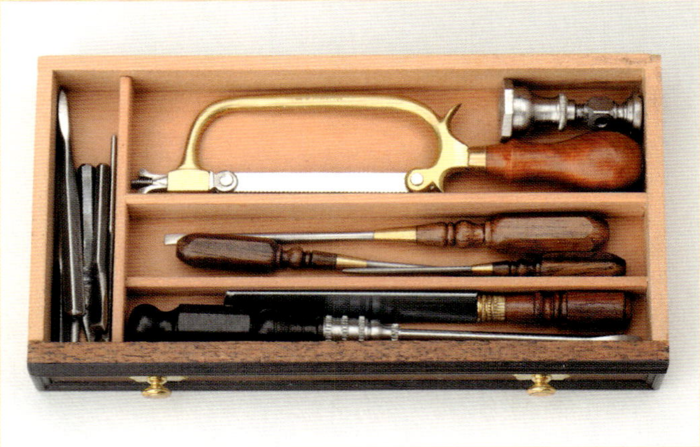

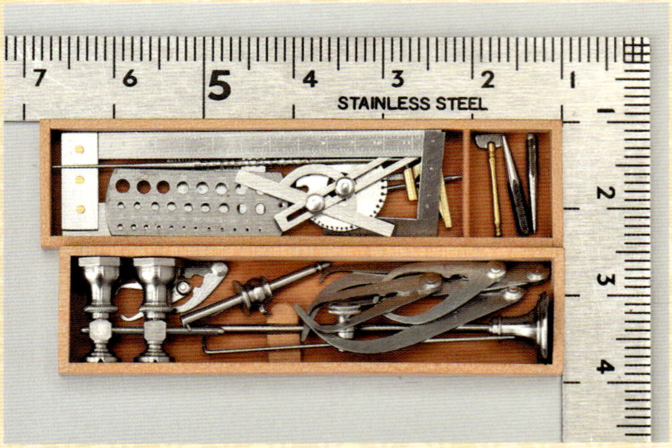
7 6 5 4 3 2 1
STAINLESS STEEL
1 2 3 4

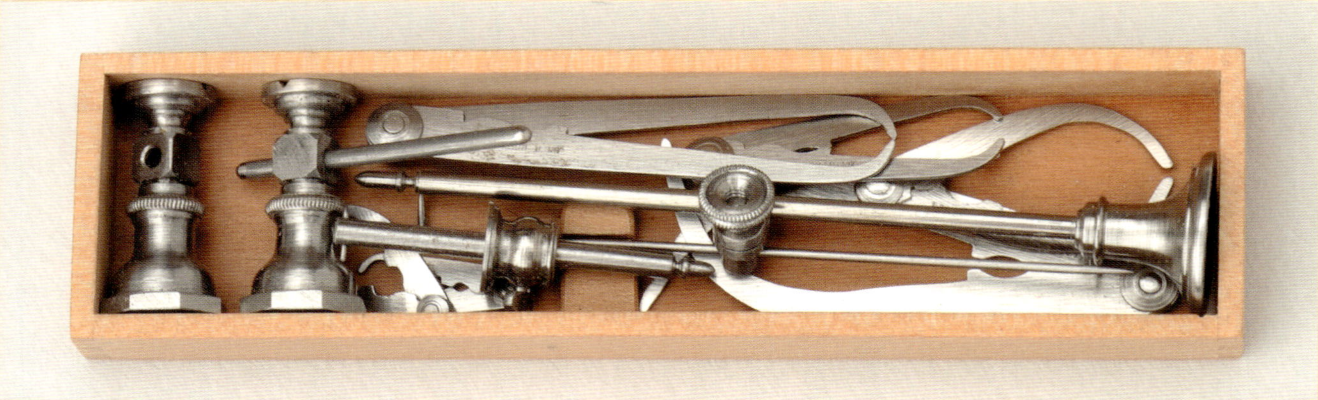

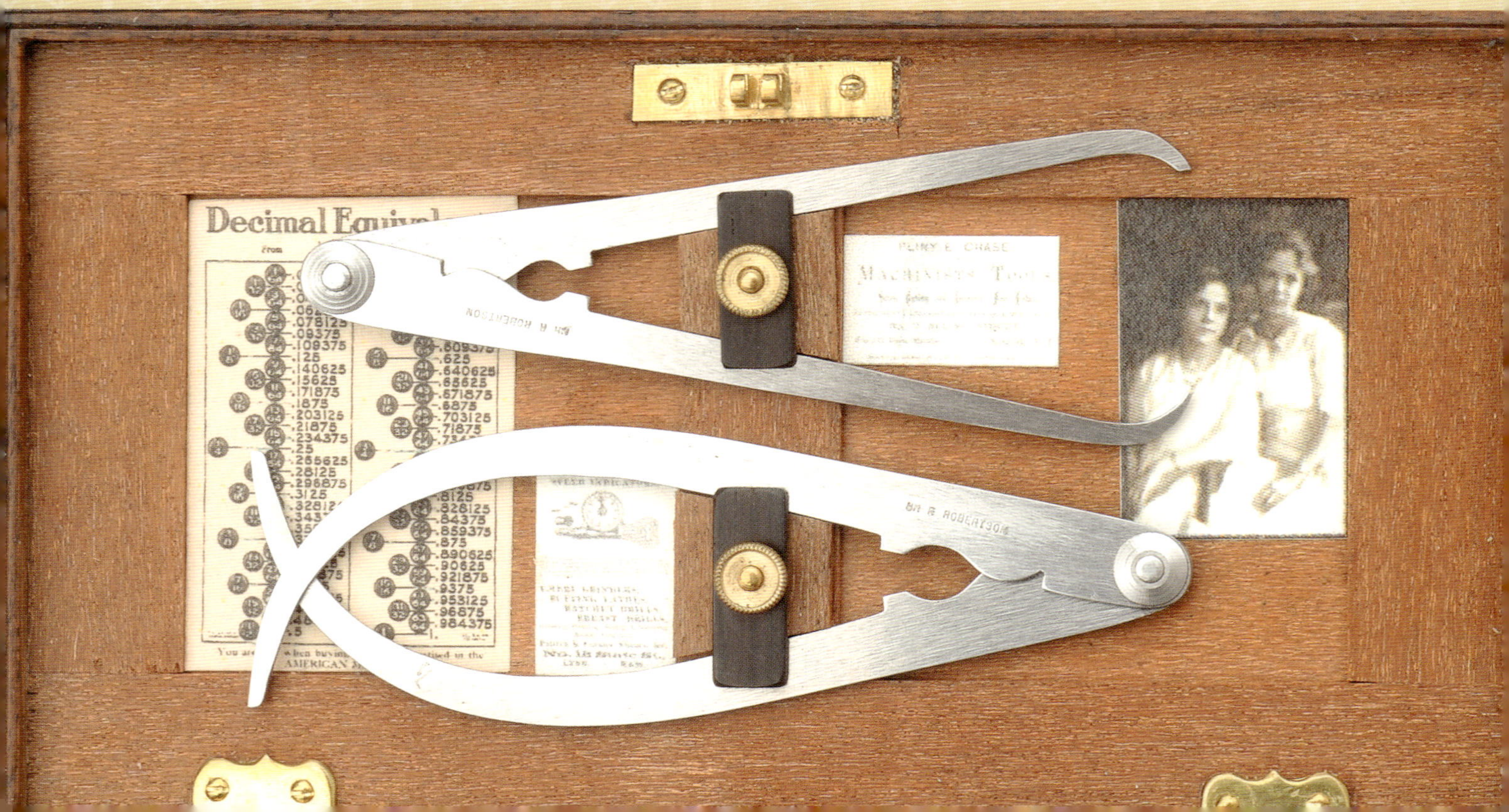
Decimal Equival
PLINY E. CHASE

*T*oolbox

Robertson氏の作品のすばらしさのひとつに、"道具として使うことができる"ことが挙げられます。スケール類には縮小された目盛が刻んでありますし、直径約1.9mmの1ペニー銅貨よりはるかにちいさな道具でさえ、きちんと動き、使うことができるのです。

25

✤ Sewing tool ✤
ソーイングツール

白い部分は本物の象牙を使用しています。

原寸大

✤ Traveling wash stand ✤
旅行用洗面台

付属のちいさな専用工具を使って組み立てます。

組み立てると洗面台になる家具です。使わないときや移動するときは、バラバラにして専用の箱に納めます。

最後にご紹介するのは小物類です。コーヒーミルやくるみ割り器は、工具と同様に動かすことができます。なお、P100からの「実物とミニチュアの比較」でも彼の作品を採り上げていますのでご覧ください。

原寸大

Candlestick 燭台

Roller skates ローラースケート靴

専用のネジ回しを使うと、本物のローラースケート靴と同じようにサイズを変えることができます。

同じものが2本あるのではなく、柱部分のらせん模様が左右で対になっています。

Coffee mill
コーヒーミル

Nutcracker
くるみ割り器

Bed warmer
ベッドウォーマー

炭などを入れ、ベッドを温めるために使っていた道具。これはアンティーク時計の部品を使って作られています。

原寸大

27

John Davenport
ジョン・ダヴェンポート（ダバンポート）

French lady's desk
フレンチレディースデスク

手紙を書いたり、保管したりする女性用の文机で、19世紀はじめごろのスタイルとされています。箱を45度回転させると、ちいさな隠れひきだしが現れるというカラクリがあり、そこに鍵をしまっていたと考えられています。

原寸大

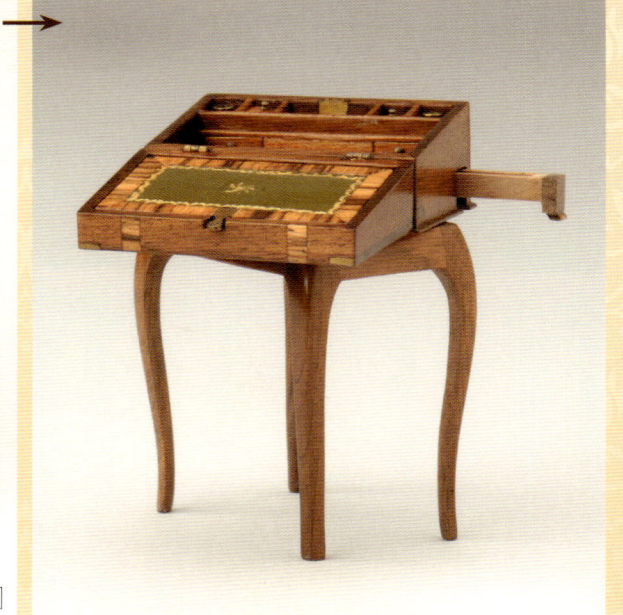

原寸大

✦ Davenport desk ✦
ダヴェンポート（ダバンポート）デスク

　18世紀末頃、傾斜蓋と側面に引き出しのある小型の書き物机が、Davenportという大佐のために作られ、名称はその名に由来します。船に持ち込むために設計されたライティングデスクなので、すべてがコンパクトに作られています。
　家具制作を専門にしている中村氏に、「家具を入手する手段は、すべて自分で作るだけではない。完成品を買ってもよいのだ、と初めて思えた」と言わしめた名品です。

原寸大

原寸大

29

Noral Olson
ノーラル・オーソン

⇾ Biedermeier様式の家具 ⇽
ビーダーマイヤー様式の家具

　中村氏が師事した最初の家具の先生で、ミニチュア作家になる前は本物の家具のデザイナーでした。中村氏のコレクションの歴史に大きく関わった人物です。

　ビーダーマイヤー様式のこの家具は受注生産でしたが、中村氏はOlson氏本人から見本（シリアルNo.1）を譲っていただいて手に入れたそうです。

原寸大

必ずではありませんが、作家はミニチュアの底面などに自らのサインやナンバーを入れる場合があります。

> **Writing desk**
> ライティングデスク

> **Round table**
> ラウンドテーブル

　通常、作家はあらかじめ制作する数を決め、ナンバリングした作品以外はけっして作りません。しかし、このライティングデスクは、唯一存在する"ナンバー外の作品"。中村氏が入手を切望していることを知ったOlson氏が、特別に制作したものです。

Ferd Sobol
フェルド・ソボロ

Dining set
ダイニングセット

原寸大

→ Break front cabinet ←
ブレイクフロントキャビネット

　両サイドに棚があり、前に張り出し部があるものをブレイクフロントと呼びます。これはSobol氏の作品の代表的なもののひとつで、美しさが際立っています。彼の家具は再販されることがとてもまれですが、これはサードエディションを迎えました。1回の制作数がもっとも少ないものなので、予約段階で完売してしまい、手に入れるのが非常に困難な作品です。

33

⇾ Cabinet ⇽
キャビネット

巻頭に掲載した、銀器ショップのルームボックスに飾られていたキャビネットです。「家具制作をがんばるように」と、Sobol氏よりプレゼントされた品で、中村氏にとって大切なもののひとつであり、心の支えになっている家具です。

⇾ Furnitures ⇽
家具

Writing desk
ライティングデスク

原寸大

Geoffrey P. Wonnacott
ジェフリー・P・ウォンナコット

→ Small carrton house desk ←
スモールカールトンハウスデスク

18世紀のウェールズ皇太子邸、Carrton Houseにあった机のスタイルの名称です。2009年に開催された、ジャパンギルド後援の制作講習会で教材として使われました。

原寸大

原寸大

→ Chippendale corner cabinet on stand ←
チッペンデールコーナーキャビネット

三角形が特徴的なコーナーキャビネットです。2011年に開催されたジャパンギルド後援の制作講習会で教材に使われました。トップの飾りとガラス部分の桟を作る工程が難しく、生徒さんたちは苦労されたそうですが、教材用といえども手を抜かない制作姿勢に多くの支持が集まりました。

原寸大

➴ Volume—fronted cabinet ➴
ヴァルメーフロンテッドキャビネット

　四方からの視点が可能な家具で部屋の中心に置いても使用可能に作られています。2013年に開催されたジャパンギルド後援の制作講習会では、木工象嵌細工の教材として使われました。

原寸大

➴ GⅢ knife box ➴
ジョージⅢ世ナイフボックス

原寸大

37

原寸大

➹ **Chess table** ➷
チェステーブル

➹ **Round table** ➷
ラウンドテーブル

原寸大

原寸大

Game table
ゲーム用テーブル

Geoffrey P Wonnacott氏といえばいろいろなゲームテーブルと象嵌細工が有名ですが、この作品はそれらが見事に表現された美しい作品です。「Louis XV Games Table with backgammon and a wild goose chase game on thetop board」と呼ばれ、天板を外すとバックギャモンが現れます (Geoffrey氏本人より写真提供)。

Scott Winfried Hughes
スコット・ワインファード・ヒューズ

　かつては幅広く制作していましたが、現在は照明器具を専門にしているアーティストです。
　ここでは配線コードをすべてむき出しにしていますが、シャンデリアや壁つきライトの場合、本来はボックスの壁や天井穴を開け、コードを裏側に通して設置します。配線したライト類は、すべて点灯することが可能です。

→ Lighting fixture ←
照明器具

原寸大

Dr. Frankenstein's laboratory
フランケンシュタイン博士の研究コーナー

ホラーの定番、フランケンシュタイン博士。彼の研究スペースをイメージして作られたものです。配管すればランプが光ります。ドライアイスを置いて煙らせればさらに雰囲気が出ます。錬金術を思わせる装置には24金のパーツが使用されています。

Phyllis Tucker
フィリス・タッカー

⇾ Shandelier for Silverware shop ⇽
銀器ショップのためのシャンデリア

　Tucker氏はシャンデリア制作を専門にするアーティストで、中村氏のミニチュアの歴史に深い関わりがある人物です。
　彼女は、巻頭ページで紹介した銀器ショップのルームボックスのシャンデリアを制作しています。これは、テーマに合わせて作った一点物で、陳列商品である銀に合わせ、金属部分に銀を使っています。また、透明なパーツ類は、Albert Ferenc Jが制作した手吹きガラスと、スワロフスキーのクリスタルビーズを併用しています。

Shandeliers for kit
キットのシャンデリア

原寸大

　Tucker氏は、前述したような豪華な一点物を制作するかたわら、「誰もが手軽にドールハウスのなかにシャンデリアが入れられるように」と、比較的安価なキット用のシャンデリアも手掛けています。スワロフスキーのクリスタルビーズを用いており、もちろん配線して点灯することも可能です。

Obadiah Fisher
オバダイア・フィッシャー

ほとんどすべての作品が、現在ではあまり見ることがない"手彫り"で制作されています。作家としてはすでにリタイアされていることもあり、作品の価値が年々上がっているアーティストです。
　中村氏のミニチュア人生に多大な影響ときっかけを与えた作品でもあります。

➔ Various silverware ➔
さまざまな銀器

➔ Casters ➔
調味料入れ

原寸大

➔ Punch bowl & Cups ➔
パンチボウルとカップ

原寸大

このパンチボウルを所持している人はかなりいらっしゃいますが、カップまできちんとそろっている例は希少です。

→ Tea set ←
ティーセット

Tea set

中村氏が家具作りをはじめるきっかけになった、
思い出のティーセット。ことの詳細については、
P110～の中村氏のヒストリーで紹介します。

→ Tea strainer set ←
茶こしセット

Tea pot & Tea leaf case
ティーポットと茶葉入れ

Kettle pot
湯わかしポット

原寸大

Jens Torp
ジン・トープ

Chatelaine
シャトレーン

原寸大

　シャトレーンとは、女主人が腰につけていた飾り鎖のことで、フランス語が語源となっています。その鎖の先には、日常で使う針や食事道具、鍵などをぶら下げていました。
　中村氏は、その額に諦めかけたものの諦めきれず、交渉の末やっと手に入れたそうです。

はさみを動かせるのはもちろんのこと、道具入れの蓋を開いて中身を取り出すこともできます。

こちらはコラボレーション作品。お盆の味わい深い絵は、中村氏の好きな帆船です。

49

Pete Acquisto
ピート・アキスト

陶磁器と24金を使った壺です。これは、アンティークの実物をモデルに制作されています。

現在のミニチュア界における銀造形の第一人者です。主な作品は銀製ですが、なかにはガラス工芸作家のAlbert Ferenc Jとコレボレーションした作品や、陶磁器と金を使った壺などもあります。

ティーポットはどちらもAcquisto氏の作品。テーブルは中村氏が制作したものです。

原寸大

→ 1/12 scale ←

→ 1/24 scale ←

Jane Graber

ジェン・グレーバー

　陶器類を専門に制作するアーティストです。素朴な雰囲気のお皿やポットが、中村氏の作る食器棚にぴったりだったことから集めはじめ、今ではすっかりファンに。中村氏の好きなモチーフである帆船シリーズのほか、鳥シリーズなどの絵柄もお気に入りになりました。

原寸大

原寸大

食器棚
H160×W142×D40

Robert Olszewski
ロバート・オルザスキー

ミニチュアのフィギュアを専門とするアーティストです。ヨーロッパの有名ポーセレンフィギュアから題材をとったミニチュア制作で知られており、フンメル人形のミニチュアや、ディズニーの名場面のミニチュアも手掛けました。

かつて、Olszewski氏がGoebel社の陶磁器フィギュアをミニチュア化した際、あまりにも出来がよいために、ゲーベル(ゴーベル)・ミニチュアを名乗ることを許可されたといわれています。

Little Red Riding Hood
赤ずきんちゃん

Alice in Wonderland
不思議の国のアリス

The Wonderful Wizard of Oz
オズの魔法使い

ハトを手にした男性がOlszewski氏自身で、周りにいる人や動物は童話の登場人物です。

原寸大

フンメル人形の実物とミニチュアです。

55

Annelle Ferguson
アネール・ファーガソン

ニードルポイントという技法を用いる、刺繍ミニチュア制作の第一人者です。糸は6本取りの刺繍糸を1本に分けて使うことが多いですが、デザインによってはそれをさらに細く分けて使うこともあるそうです。

17th century English Casket
カスケット

カスケットとは、祖母や母から受け継いだ大切なものをしまう小引き出しのことで、実物をモデルにしています。

刺繍の図柄は、17世紀の小引き出しのデザインから写したもので、正面には、故事から引用された王と王女を描くことが多く、このカスケットには旧約聖書から「ソロモンとシバの女王」が刺繍されています。背面には噴水にたたずむ中世の男女、左右の側面には神話の男鹿とユニコーンが刺繍されています。

原寸大

このミニチュアには専用の木箱が付属しており、ふだんはそこに保管します。木箱を制作したのは、木工作家のMark Murphy氏です。

57

Card table & Seat
カードテーブルと椅子

Chair
椅子

⇨ Fire screen ⇦
ファイアスクリーン

ファイアスクリーンとは、暖炉の熱を避けるために人のそばに立て掛けるもの。熱さがやわらぐと同時に、美しい刺繍も鑑賞できるというわけです。なお、これは実用品ですが、海外では刺繍を絵画のように壁に飾る習慣や、家具の一部にも取り入れて楽しみます。

原寸大

Kerry Pajutee
ケリー・パジェ

動物のミニチュアを専門とするアーティストです。すべて一点物で、同じものはふたつとありません。

彼女が白クマの制作途中の写真を送ってくれたとき、彼女が部屋中に白クマの資料を貼り、骨格を勉強して制作に入るのを知りました。今にも動き出しそうなリアルさの秘密は、そういう真摯な努力にあるのです。

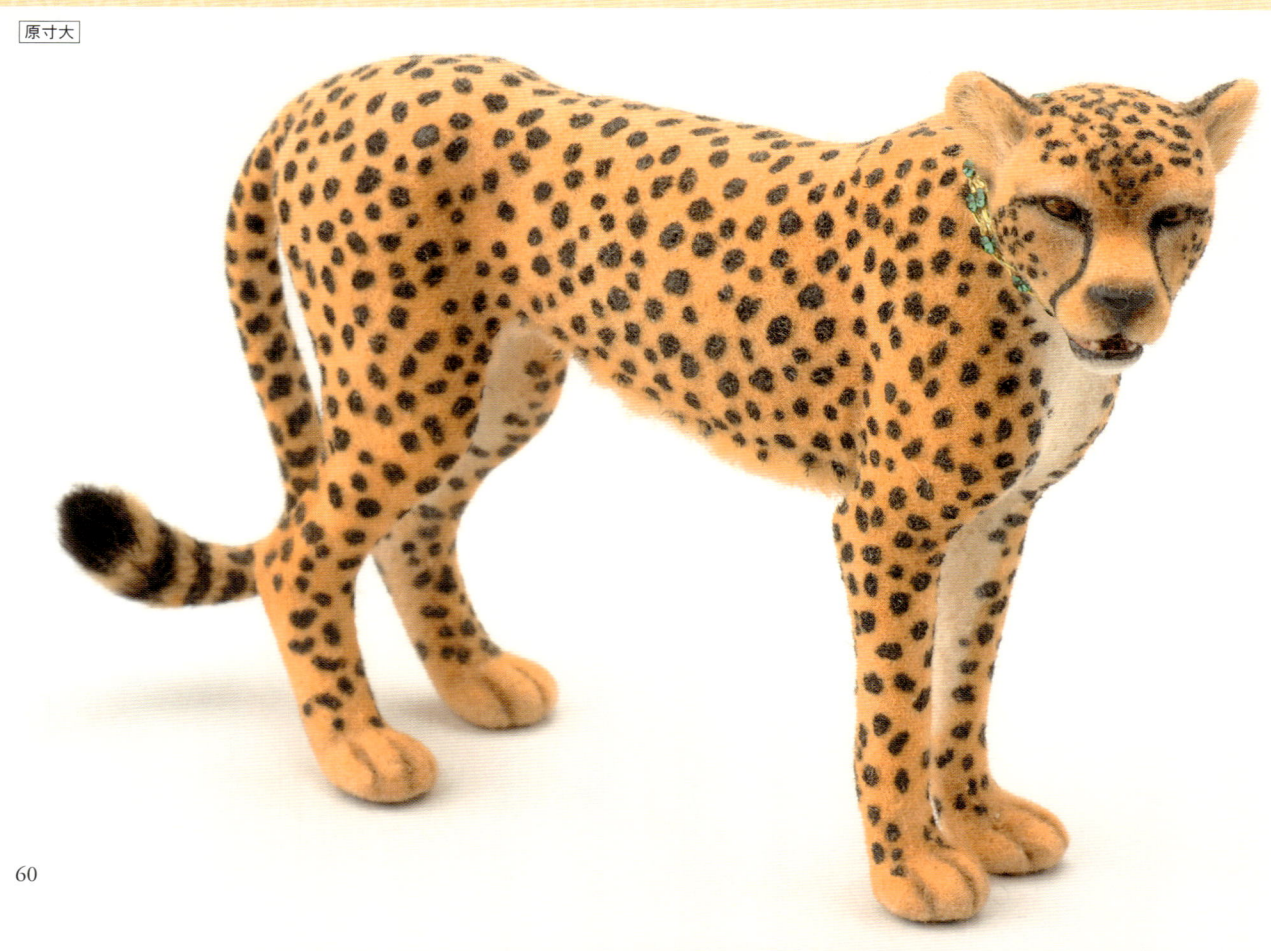

2匹のシェルティ（シェットランド・シープドッグ）は中村氏の愛犬がモデルです。

原寸大

Pajutee氏は物語にインスパイアされて作品を生み出すこともあります。C. S. Lewisの児童小説『The Chronicles of Narnia（ナルニア国物語）』に登場するAslanから着想を得たのがライオン、Philip Pullmanのファンタジー小説『His Dark Materials（ライラの冒険）』に登場するパンサービョルネ（鎧熊）のIorek Byrnisonをイメージしたのがシロクマです。そのため、シロクマには専用の鎧も付属しています。

Mary McGrath

マリー・マッグラフ

アニマルフィギュアの第一人者です。ちいさいころから自然の風景や小動物が大好きで、以前は画家であったこともあり、情景のセッティングに定評があります。これらは、彼女自身が制作した原型から型を起こして、ひとつひとつハンドペイントで仕上げられています。

原寸大

原寸大

原寸大

63

A way of enjoying miniature
~according to the theme
ミニチュアの楽しみ方

ミニチュアにはさまざまな楽しみ方があります。ここからは、好きなアイテムにこだわったり、世界観を表現することなどをテーマにした作品群を紹介します。中村氏が〝自分の目と感性を信じて〟集めたコレクションとその飾り方などをお楽しみください。

お鍋が好き、ガラスが好き、くまのぬいぐるみが好き……。好きなジャンルでよいものを見つけたとき、それを少しずつ買っていけば、いつの間にか立派なコレクションになります。

たとえば……
同種のアイテムをたくさん集める

空想や物語の1シーンを表現してみましょう。少ないアイテムや僅かなスペースでも充分楽しめます。もし、「この場面にはなにか足りない」と感じたら、それを補うものを買い足すのもひとつの方法です。

たとえば……
シチュエーションを空想してみる
作品をまとめて飾る

統一感のあるアイテムが増えてきたらルームボックスに飾ってみましょう。同じボックスであっても、なかのアイテムやセッティングを変えるとまったくちがうストーリーが生まれるのです。

たとえば……
ボックスの中身を入れ替える

65

椅子

ここで紹介している椅子は、作者はバラバラですが、ひとつだけ共通点があります。それは"中村氏がとても気に入った"ということ。単品としてながめているだけでも楽しめる、美しいものばかりです。

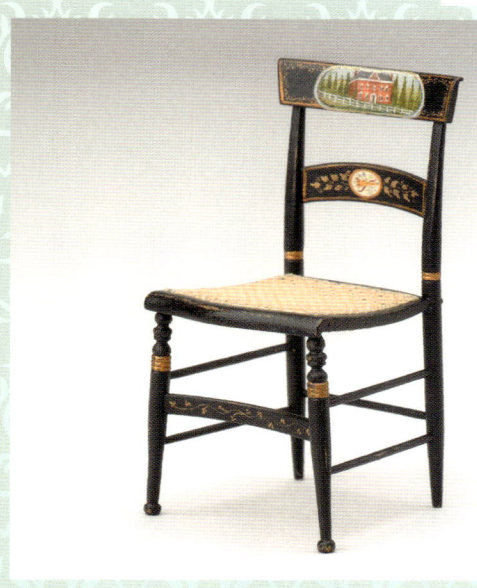

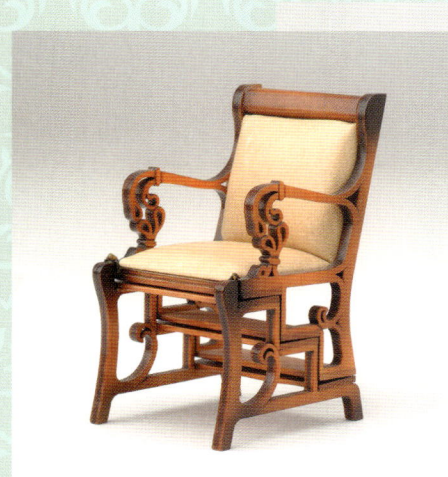

椅子の背を座面の方向に倒すと、階段型の脚立に早変わりします。

食べものや飲みものといった、食に関わるミニチュアをまとめました。

　どれも色艶がすばらしく、匂いすら漂ってきそうなほどリアルな作品が多いですが、「"リアルさ"を追及することが、必ずしもよいとは限らない」と中村氏はいいます。氏の考えるよい作品の定義のひとつは、食べ物に限りませんが、「直感や好みで買っていても、集まってくると不思議とまとまり、見ているだけで楽しさが倍増するもの」。リアルか否かだけではない、"なにか"を感じさせることも大事なのです。

テーマ別の
食物（食品）

69

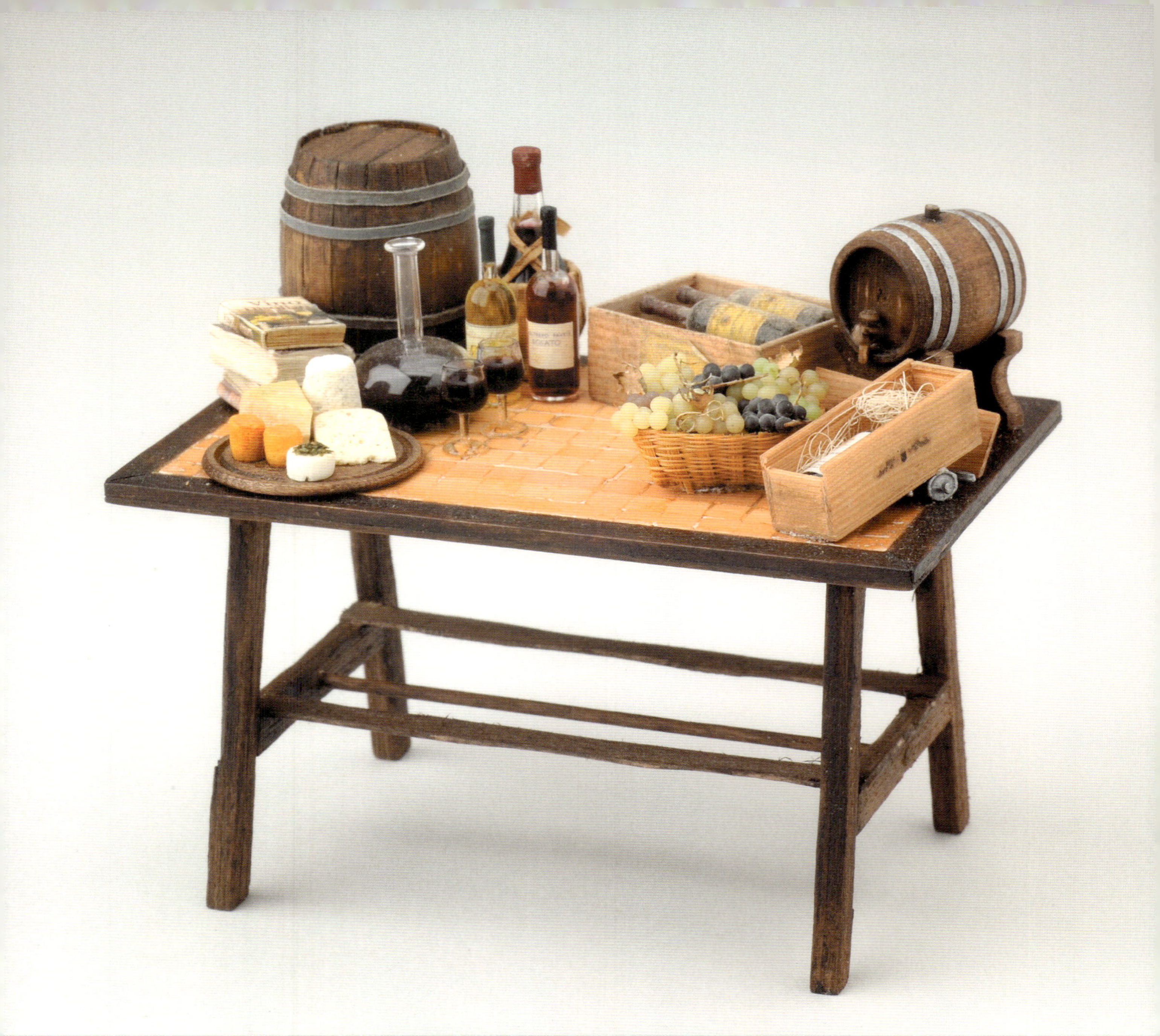

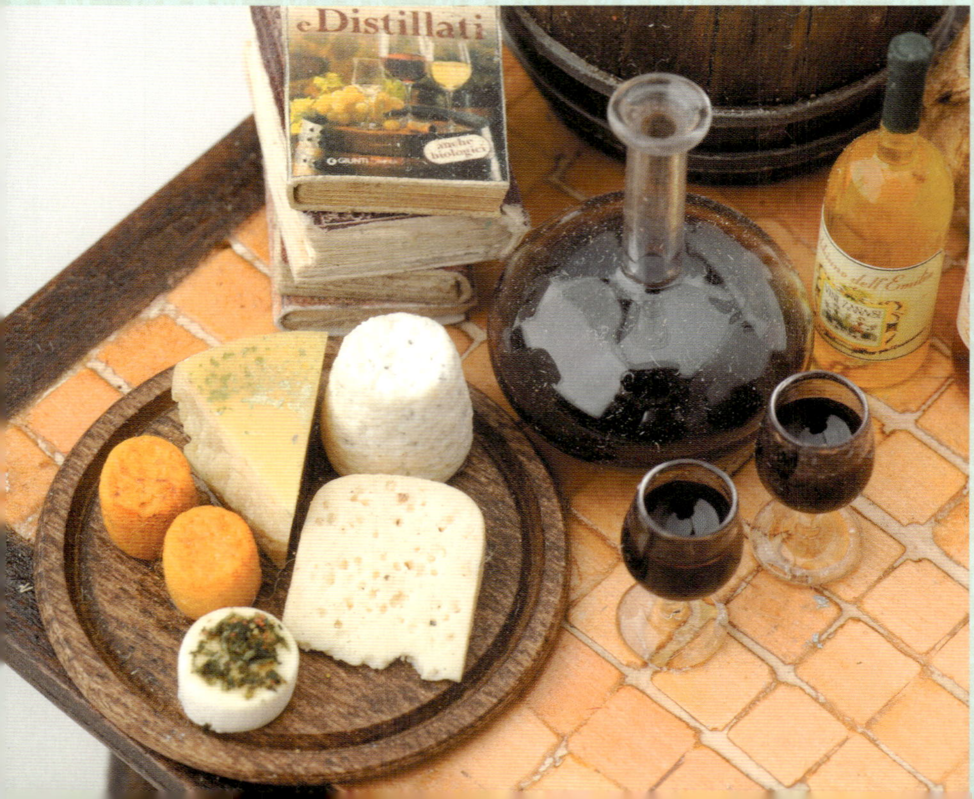
e Distillati
anche biologici

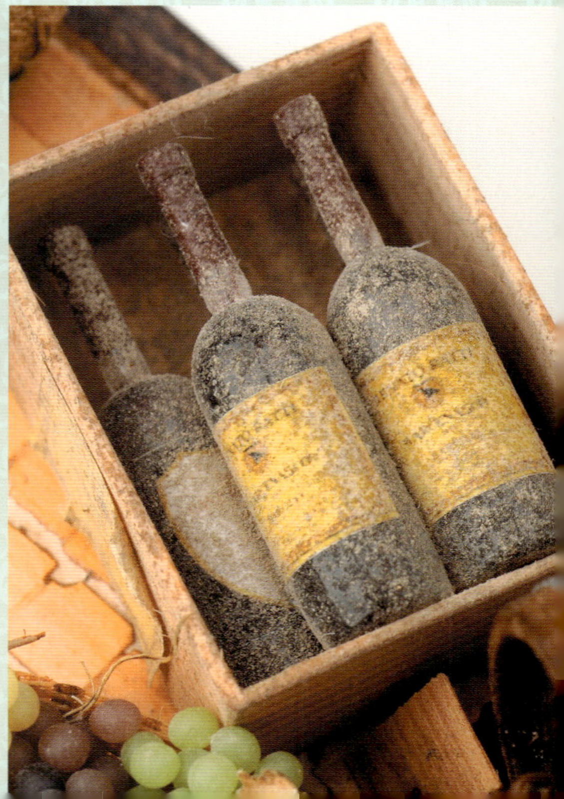

食卓には欠かせないワインのミニチュアです。液体が入っていると見えるように作られた作品は多くあるのですが、写真中央の4本の中身は、なんと本物のワイン！ 産地や生産年、銘柄などが記された正真正銘の鑑定書もついています。この作品について、中村氏は「自己満足かもしれませんが、大人のコレクションとしてこだわっていもいいかなと購入した」と語っています。

72

日本でもおなじみの野菜であっても、明らかに日本産ではないとわかる雰囲気を持っています。これらは、中村氏が海外で購入したものです。

ほとんどは中村氏の友人や本人の作品ですが、トマトはイタリアの食品制作の第一人者であるSilvia Cucci氏の作品。彼女が作るチーズやトマトには、瞬時にイタリアをイメージさせる不思議な魅力があり、コレクターのあいだでは"トマトのクッチさん"と呼ばれています。P72の食卓に載っているトマトとチーズも彼女の作品です。

73

Tea セッティング

本格的なアフタヌーンティー、あるいは、もっと気軽なスタイルで楽しむティーパーティーを想定したセッティングです。お茶会といっても、お酒をいただくこともあるので、グラスとリキュールボトルも準備しています。

お気に入りの皿

中村氏はいくつかのブランドの食器類を持っていますが、そのなかでも比較的所持数の多いThe China Closetのお皿に注目し、3枚をピックアップします。

このThe China Closetとは、Teresa Welch氏が制作している陶器ミニチュアのブランド名です。陶器製作と絵つけの両方を作家本人が行うスタイルで多様な作品を提供し、コレクターを魅了しています。

アルミと銅の
調理器具

アメリカを訪れた際に、あるお宅の実物の鍋コレクションとキッチンの美しさに目を奪われた中村氏は、それ以来、コツコツとミニチュア鍋を集めています。コレクション内容は、安価でおもちゃに類するものから本格的なミニチュアまでさまざまですが、どれもお気に入りのものです。

調理器具選びのコツは、同じ素材でそろえること。作り手によって形が違っても同じ素材であれば統一感が出るからです。

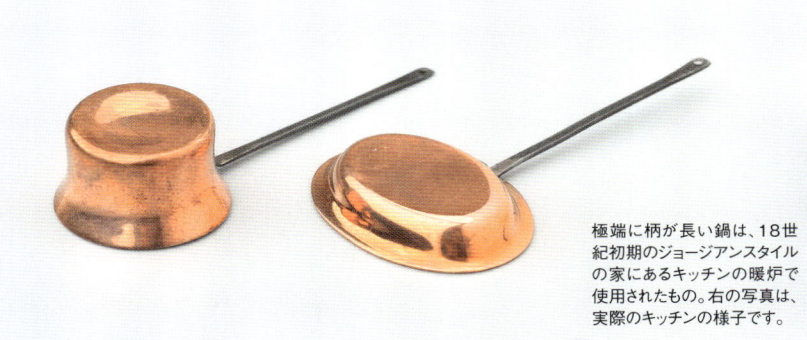

極端に柄が長い鍋は、18世紀初期のジョージアンスタイルの家にあるキッチンの暖炉で使用されたもの。右の写真は、実際のキッチンの様子です。

77

アンティーク&アンティーク風のガラス器

上の2枚の写真は、ミニチュアガラス工芸の代表的作家のひとり、Albert Ferenc J氏の作品。オレンジ色はガラスの色ではなく、中村氏がお酒を入れています。下は、現在世界で活躍している作家たちの作品を集めたものです。

現代に作られたアンティーク風のガラス器たち。

おもに19世紀ごろに制作されたものです。これらは、現在のミニチュアの基本サイズである1/12スケールで統一されておらず、大きいスケールのものもあります。1/12スケールのミニチュアたちといっしょに飾っても悪くはないですが、アンティークだけを集めて飾るのもきれいで楽しいものです。

凝った細工の小物たち

杖やパイプといった小物のなかには、ちょっと奇妙な細工が施されたものがあります。中村氏はそんな"変わり種"も好み、見つけるたびに集めてきたそう。実物のパイプや杖に象牙が使われることがあるため、これらのなかにも本物の象牙から削り出しているものがあります。

拡大すると荒削りに見えるかもしれませんが、ステッキの持ち手やパイプは実物大でも手のひらサイズですから、その1/12ともなると数mmほどしかありません。

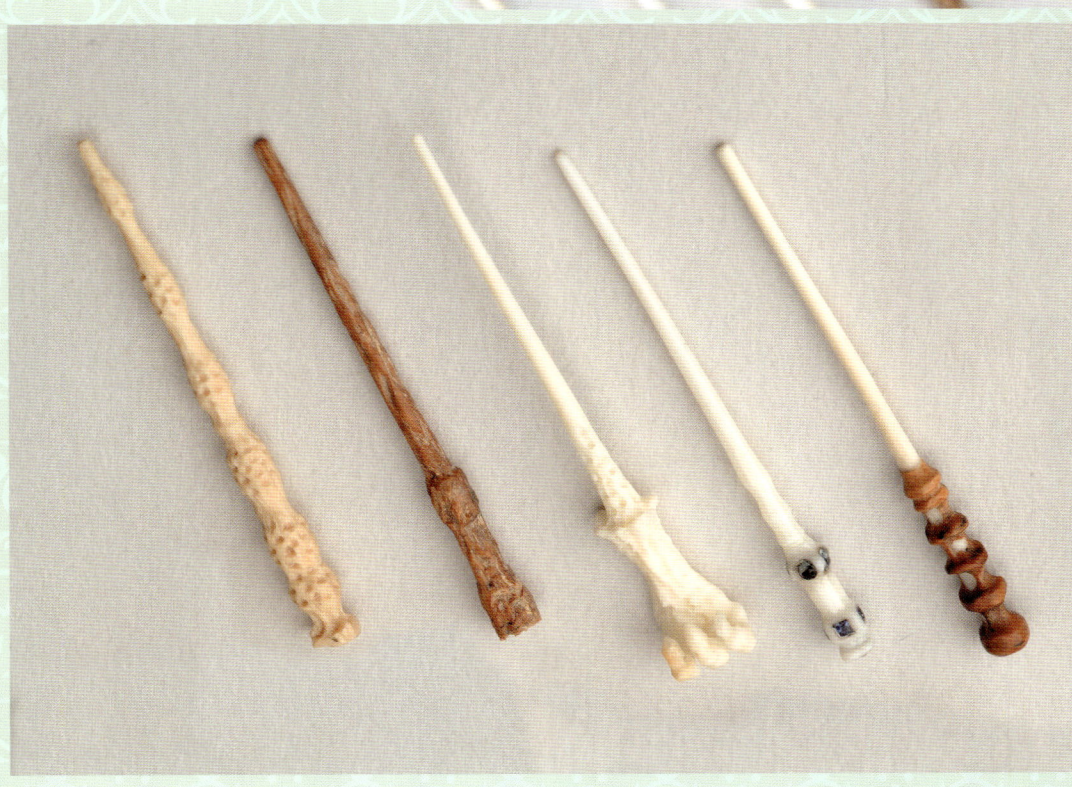

原寸大

ファンタジー小説や映画の世界で、魔法使いが使うスティック（片手杖）です。

アメリカンフォークアート

アメリカンフォークアートのペイントサンプルボックスです。パターンの見本となる板が納められており、箱自体もまたサンプルでできているため、6面で模様が異なります。

アメリカンフォークアートとは、アメリカ南東部で盛んな独特のペイント方法のことです。遠近感のないイラストや、鳥の羽などを使って仕上げるパターン模様に特徴があり、これがステンシルの原形になったという説も……。また、家具などのスタイルにも決まった様式が存在します。

なお、ここに掲載しているミニチュアは、すべてJames Hastrich氏の作品。実物はアメリカのAmerican Folk Art Museumに展示されています。

83

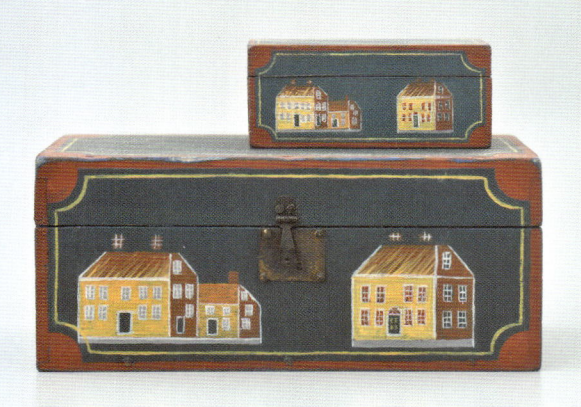

絵画と花

1/12サイズでできた絵画です。実物と同じように、油彩画、水彩画、アクリル画、テンペラ画などさまざまな種類があり、すばらしいミニチュア画家たちがちいさな世界を描きます。

これらは、イーゼルに飾って主役として鑑賞することもできますが、ルームボックスなどの壁に掛ければ、ミニチュアの世界観をより味わい深くする名脇役になります。冒頭のルームボックスページでも飾っていますので、使用例としてご覧ください。

→ Johannes Landman作 ←

→ Grace S. Smith作 ←

→ Brooke Rothshank作 ←

→ Marjorie Adams作 ←

✢ Noel Thomas作 ✢

花のミニチュアといえば、粘土、布、紙などで作るケースが多いですが、ここで採り上げているものはすべて紙でできています。単品でながめてももちろん楽しいのですが、実際の絵画と同じく、シーンや部屋のなかに置くことでよりいっそう趣きを感じることができるでしょう。

これらの作者は、紙製造花（ペーパーフラワー）の第一人者であるSandra Wall氏。ちがう品種のバラを同一の素材で作り分けるなど、卓越した技術とセンスの持ち主です。

この花束は、中村氏が個人的に開いた講習会で教材になった花を集めて作られています。

物語の世界から

　自分の想像や空想をミニチュアで表現することの一例です。中村氏は、小説を題材にしたKerry Pajutee氏の動物ミニチュアから想を得て、"空想を楽しむ、読書好きな女の子"というシーンを作りました。
　こういう遊び方には、ルームボックスなどが必要とは限りません。ここで必要なのは、気持ちをわくわくさせてくれるミニチュアと、自分の想像力です。むしろ具体的な背景がないほうが、もっと想像が広がるかも。

この情景の主人公は、読書と空想が好きな女の子。『The Chronicles of Narnia(ナルニア国物語)』や『His Dark Materials(ライラの冒険)』を読んで、物語の場面を思い描いているところです。

小説『His Dark Materials (ライラの冒険)』にインスパイアされたものです。熊に乗っている女の子と空想にふける女の子の人形は、Jane Davies氏が制作しました。

ヒョウは、女の子が物語を読み聞かせている空想上のお友だちという設定です。自分の想像がすぐに形にできることもこの遊びの楽しいところです。

季節作品の製作例

ひとつのギフトボックスを使い、季節のイベントに合わせて飾り方を工夫する例です。

たとえば、10月のハロウィン。黒とオレンジを基調に、カボチャやオバケを配置すれば完成です。なにを飾るか考えたり、ちょっとしたものを自作する過程も楽しいものですし、できあがったセットを部屋に飾れば、きっとハロウィン気分が盛りあがるはずです。

☞ "ギフトボックス"という飾り方 ☜

ルームボックスより小ぶり（約280mm×280mm×300mmほど）で、2面をアクリル板で仕上げ、上から蓋をすると箱型になるボックスです。写真のようにリボンをかけてプレゼント用に使用するのが本来の用途ですが、中にミニチュアを入れて飾る事が出来ます。ルームボックスとはまた違った趣きで楽しむことができますので、ぜひ制作にチャレンジしていただきたいものです。

89

90

ハロウィンの飾りとまったく同じギフトボックスを使い、中身をクリスマス用に入れ替えました。
　このセッティングでは、おじいさんの人形が加わったことで物語がより想像しやすくなっています。袋からこぼれる山のようなおもちゃに、出番を待つ赤い外套、パッケージしかけのプレゼント……。サンタクロースは、プレゼントの準備で大忙しです。

91

BOXで遊ぶ

　本書の序盤で、中村氏のコレクションの集大成ともいうべき珠玉のBOXたちを紹介しましたが、ここではBOXの楽しみ方をさらに紹介いたします。コレクションが増えてきたら、BOX内に飾ってみましょう。自分の嗜好を把握したり、インテリア雑誌などを参考に配置を工夫してセンスを磨きながら、今後のコレクションの計画を練るのも楽しいものです。

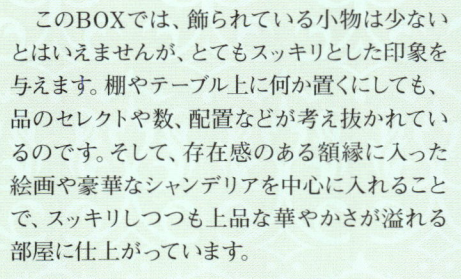

このBOXでは、飾られている小物は少ないとはいえませんが、とてもスッキリとした印象を与えます。棚やテーブル上に何か置くにしても、品のセレクトや数、配置などが考え抜かれているのです。そして、存在感のある額縁に入った絵画や豪華なシャンデリアを中心に入れることで、スッキリしつつも上品な華やかさが溢れる部屋に仕上がっています。

94

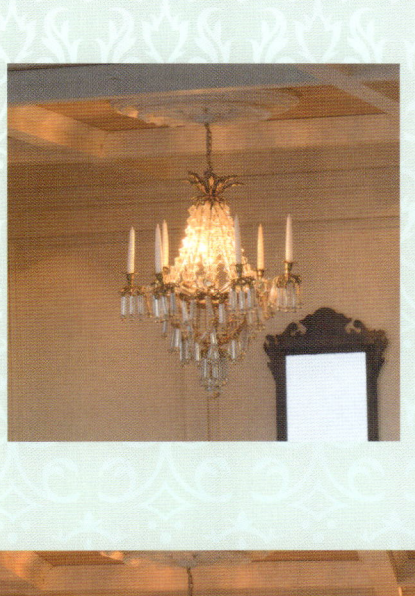

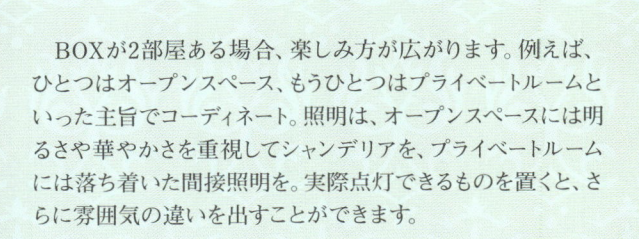

BOXが2部屋ある場合、楽しみ方が広がります。例えば、ひとつはオープンスペース、もうひとつはプライベートルームといった主旨でコーディネート。照明は、オープンスペースには明るさや華やかさを重視してシャンデリアを、プライベートルームには落ち着いた間接照明を。実際点灯できるものを置くと、さらに雰囲気の違いを出すことができます。

95

ミニチュアの入れ替え ──商品をテーマに

ミニチュア フィギュアのお店のルームボックス（P.10～13）で使用した"ジョージアンスタイルのお店"を、商品を入れ替えることで、まったく違うお店に仕上げました。高級感が漂う店構えなのはどちらも同じですが、あちらは少しかしこまった大人向け、こちらはにぎやかなファミリー向けといった風情です。

ライト点灯時

商品だけでなく、お花や絵画といった装飾品もお店の雰囲気を作る大切な要素です。

クマのドアプレートはこのセッティング限定の小道具。両面テープで軽く貼ってあるだけなので、すぐに外すことができます。

クマの ぬいぐるみ

中村氏は小さなクマのぬいぐるみもたくさん所有していますが、集めようと意識してそろえたのではなく、旅行のたびにひとつふたつ買い続けた結果としてできたコレクションです。

このページでは、そのなかから少し変わった特徴があるものや、中村氏にとって思い出深いものをピックアップします。

原案者のふたりの老婦人が、すべてのクマに「Hug me!」「Wissing you !」といったメッセージを託し、又関節の仕掛けには、手元にあるスナップを用いて優しい物づくりに徹したクマたちは、広くミニチュアのクマ愛顧者たちに愛されました。「今はもう新しいものを見ることが出来ず残念」とのこと。

中村氏にお孫さんができたときに購入した思い出の品です。

正面からでは気づきにくいですが、インディアンの髪飾りが安全ピンでできています。

ボックスなどに家具をセットする場合、既製品をそのまま飾ってももちろんかまいませんが、ひと手間かけてアレンジすると、より自分のイメージに近いものが完成します。

たとえば、椅子の座面やベッドのマットを張り替えるといった改造は、比較的容易なうえ、受ける印象を大きく変えることができる方法。中村氏も「最初にイチから家具を作るのはちょっと……と感じる人は、まずはアレンジから挑戦してみては」と薦めています。

子供部屋をイメージしたセッティングです。ここで飾っている家具類は、ほとんどがミニチュア家具メーカー・BESPAQ社の製品です。

既製家具の
アレンジを用いて

もともとはちがう素材と色でしたが、座面をはがして白い地模様のシルクに張り替えました。

実物とミニチュアの比較

　ミニチュアと、そのモデルとなった実物を比較するため、いっしょに撮影しました。まず目を引くのは大きさの圧倒的な差だと思いますが、ミニチュア化とはただ機械的にものを縮小するだけではない点にも注目してください。

　中村氏は、ミニチュアの技術を学んだ際に講師の方々から「実物を見て、それを自分の感性で省略しなさい」と教えられたそうです。ミニチュアで重要なのは、1にプロポーション（美しさ）、2にテクニック（技術）、3にマテリアル（材料）。そのキーワードを念頭に置いて見比べるとよいでしょう。

→ Porringer ←

もとはスープやお粥を入れる手付きの浅い器のことで、中世以降、銀で作られるようになり、紅茶カップの原型ともいわれて、マイカップの始まりとされる器です。

→ 燭台 ←

実物もミニチュアも真ちゅう製。作者はWm.R.Robertson (Bill Robertson)氏です。

→ 釣竿とリール ←

釣竿全体は画面に収まらないので、リールとミニチュア全体を比較します。ミニチュアの作者はJim Watt氏です。

◆ ビスケットウォーマー ◆

原寸大

　実物と並べたとき、そのちいささと精密さにおいて迫力満点なのがビスケットウォーマーです。これは、その名のとおりビスケットを温める道具で、1900年代に使われていたイギリスのアンティーク。使い方には諸説あり、なかにビスケットを入れて暖炉のそばに置く、なかにお湯を張って上に置いて温める等の方法が考えられています。

下の2枚の写真はどちらもミニチュアです。レースのような網目や脚のかたちまで、ちいさく、かつセンスよく作り込まれています。作者はPete Acquisto氏です。

⇾ チョッパー ⇽

チョッパーのミニチュアの作者は、すべて
Wm.R.Robertson (Bill Robertson)氏です。

チョッパーとは、野菜などを刻む際に使う刃物です。日本ではあまりなじみがありませんが、海外では一般的な調理器具です。両手タイプや片手タイプなど、かたちはさまざまですが用途は同じ。ここでは、チョッパーの多彩なミニチュアをまとめて紹介すると同時に、同じタイプのものの1/1、1/6、1/12、1/24を比較しています。

実物を手にもつとこんな感じです。まな板の上で刃を前後にスィングさせてザクザクと刻みます。

1/1（実物）

1/6

1/12

1/24

1/6サイズの家具

1/6の家具は、現在のミニチュアの標準規格からは外れており、コレクターズアイテムとしても一般的ではありませんが、家具好きの中村氏はいくつか所持しています。

このサイズの家具の歴史は1/12のミニチュアよりも古く、かつては実物の見本として、そして現代では制作技術の練習や保存・保護のために作られています。

この1/6サイズの棚は、1939年にアメリカ・カンサス州の公共事業促進局（W.P.A）によって行われた、家具技術と職人を保護・保存するためのプロジェクト（Visual Aid Project）で作られました。

棚に飾ってある陶器も1/6サイズで、これはJane Graber氏が制作しました。中村氏はこれと同じ様式の棚を1/12サイズでも制作しており、そちらはJane Graber氏の1/12作品を飾るために使用しています。

木工職人が象嵌技術を練習するために作った家具です。

ミニチュアの歴史

はじまりは貴族から

ドールハウスという小さな世界は、欧州では400年以上の歴史があります。米国に渡ってからは、今のようなハイテクな玩具がまったくないなか、商業の発展も加わり、ドールハウスとミニチュアは非常にポピュラーな遊びとなりました。

古くは、貴族のコレクションとしてオランダのダッチキャビネットの中にミニチュアを飾った素晴らしい作品が残っています。ドイツではおもに女子の教育玩具として発達し、イギリスでは、貴族の間で、婦人の遊びとして発展しました。その代表的なものにイギリス、ウィンザー城のクィーン・メアリードールズハウス（イギリスでは"ドールズハウス"と呼ぶ）があります。約100年前（1924年）のものです。

このクィーン・メアリーのドールズハウスは、欧州の産業を担う名だたるメーカーに作らせたこともあり、サイズの統一が必要でした。そのため、ほぼ1/12に統一する方向で作られたようです。その後、このサイズがドールハウスのサイズにおいて基本となったという一説もあります。さらにイギリスにおいては、この規格のミニチュア家具を作る製造業者も生まれました。現実にこのサイズは見る方も、作り手にとっても、理にかなっているように思います。

欧州での隆盛を受けてアメリカに渡ると商業ベースにのり、ミニチュア小物を作る会社も生まれ、大きな発展を遂げていきます。この時に、ほぼ完全な1/12という統一サイズが生まれたといわれています。婦人たちの大きな楽しみとして、ミニチュア小物を集め、飾り、楽しみました。それらの中に、時代の風景を垣間見ることができ、現在でも、欧州に比べて歴史の浅い米国の人たちにとって大切なものとして扱われています。

ドールハウスとミニチュア

そもそもドールハウスとは"人形の家"のことであり、家本体を指します。アンティークのものは、中身を入れたその家すべてを指して"ドールハウス"と呼びますが、中身のミニチュア小物をお気に入りのドールハウスに入れて遊ぶこと、本来はこのことが"ドールハウスで遊ぶ"ということにほかなりません。

欧米においては、ドールハウスに用いる小物を総じて"ミニチュア"と呼び、じょじょにその小物を作る制作者に特色が出てきたのが20世紀に入ってのことでした。次第に、本来の職人からミニチュア制作者たちが生まれていくことになり、家具、銀器など、実際の職人たちがミニチュアを作り始めました。

最初は片手間であったかもしれませんが、次第に、感性と創作意欲からか、グレードが高く、値段の張るものが作られるようになり、需要も生まれていきました。特に家具やイギリス人の生活の中でなくてはならない銀器などは、大きな場所も取らず、作業部屋で職人を抱える必要もなく、自分だけで思うままの作品を作ることができるということも大きな要因でした。やがて、コレクターと呼ばれる人たちが生まれていきます。これによりさらに美しく、正しいスタイルを追求するという形でグレードが上がって行きました。

ソーン・ルームの誕生

米国にもそれらの風潮は伝わり、自分の家のそっくりすべてをミニチュアで作らせるお金持ちも現れました（Kansas Cityのミニチュア美術館にあり）。

また、イギリスのクイーンメアリー・ドールハウスと並び、ドールハウスの双璧と呼ばれるミニチュアハウスが米国で制作されます。

米国・シカゴ美術館に展示されているソーン・ルーム（The Thorne Room）で1932年から1940年にかけてミセス・ソーン（Mrs. James Ward Thorne）によって、熟練の職人たちへの妥協のない指示と完璧までの計画で完成されたもので、68におよぶミニチュア・ルームがあります。16世紀以後の欧州の部屋を1930年代に、17世紀以後の米国の部屋は1940年に、それぞれ特色ある地

originally posted to Flickr as Queen Mary's doll house at Windsor Castle
Rob Sangster撮影、2006年

Queen Mary's Dolls' House
著者:Mary Stewart-Wilson
出版社:The Bodley Head Ltd
発売日:1988年5月

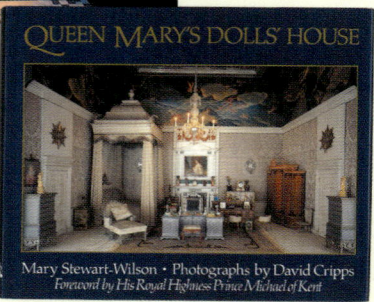

イギリスの観光名所として名高いウィンザー城に展示されており、現在も見ることができます。

域、スタイルを忠実に再現しました。

このハウスが、ドールハウスでなく"ミニチュアハウス"と呼ばれる所以は、もちろん、米国の欧州へのプライドやライバル意識もあったのかもしれませんが、現在ではもっとも大きな違いとして、実在するかたちを正確かつ完璧な美しさで表現していることだといわれています。そのため、ボックス全体をひとつの作品として扱い、その小物で遊ぶという行為は想定されておらず、自分がそのなかに紛れ込んで歩いて楽しんでいる錯覚に陥ります。部屋の構造の巧みさ、小物の存在感は、極力、マテリアル（材料）にも妥協なく作られているということにほかなりません（代表される作家はKapjack氏）。

産業としての発展

そして、この部屋の誕生を機に米国でも、これらを手掛けた人々から、優れた、美しいミニチュア・ルームや、ミニチュア小物が生まれ、あとに続く職人も出てきました。

いろいろな経済の変動による生活様式の大きな変化は、実際の仕事の不安定さ、現実の活躍場所の確保などの困難さともあいまって、イギリスと同じく、優れたミニチュア作家を生む大きなきっかけになったようでした。彼らは大きなものを作るリスクを、ちいさなものを作るメリットに変えて活動を始めていきました。また、戦時中、職人の技術保持や産業保持として、ミニチュア（おもに1/6）を作らせた州もありました。

また戦後には、米国においては生活の安定とともに、優れた大量生産品として、プラスティックモデル形式のキットや、下請けとして、香港、台湾、日本などに発注するかたち

でのドールハウス用の家具などが生産され、ビジネスとして大きな市場が生まれました。すると、それを共有する人々から組織が生まれ、愛好団体、作家団体の設立がなされていき、自分の世界を楽しむ人、それを広める人、扱うお店と、大きな世界へと生まれていきました。専門技術を持つ職人たちのなかには、独自の工夫と、より美を追求した、とことん細部にこだわった、妥協を許さないミニチュアを作る職人、すなわちミニチュア作家が生まれていきます。欧米では、自分達の事を、ミニチュア作家と呼ぶよりも、職人と名乗る作り手が多く、「職人」「マイスター」を自認しているようです。

彼らが作るミニチュアの最大の特徴は、ミニチュア化する対象が存在し、より芸術性を追い求めた作品であるということなのです。ただ、サイズを縮小しただけでは美しい作品にはなりません。ミニチュアにする技術と感性が大きく求められるのです。

日本のミニチュア文化

日本は？　というと、このドールハウスの世界からは一歩横に跳ぶ形ですが、日本にもミニチュアの世界は古くから存在し、ちいさなものが好きなお国柄であることは間違いありませんし、文化もありました。古い雛飾りには、寝殿風の屋根つきの建物のなかに収まっているものがあります。ミニチュアの小物が周りを飾りますが、目的が大きく異なります。

また、箱庭、根付など、大きなくくりでいえば博物館の古寺などの模型は、間違いなくミニチュアといえるでしょう。しかし、これまでの定義にほぼ当てはまる最高のミニチュア

は、明治時代に個人の依頼で作られた、小林礫斎をはじめとする職人たちによるものです。その多くが「中田實コレクション」という形で残っており、現在は「塩とたばこの博物館（移転・リニューアルのため休館中）」に保存されていると記憶しています。これは正しく職人の技と意地が垣間見える作品群であり、世界に誇れるミニチュアの存在でありましょう。どちらかというと、クィーン・メアリーのドールハウスの中のミニチュアたちに近いものと言えます。

ミニチュアをどう楽しむか

現在では、ミニチュアの作品は、大きく分けて、①メーカーもの、②作家もの（独自の発想で1/12規格で作られたもの）、③芸術性の高い、コレクターが所蔵対象となるようなもの、の3つとなり、値段もそれに応じて上がっていきますが、これがミニチュアであり、これは違うという区別はありません。ドールハウスを遊ぶための小物はすべてミニチュアなのです。

多くの歴史を踏まえ、大人の遊びとして、現在に至っているこの世界をもう一度、どのように遊ぶのかを考えてみるのも大人の遊び方の一歩かもしれません。ミニチュア作品の多くに「This is not a Toy」と明記されていることをどう捉えるかは、人それぞれでしょう。また、それに費やす経済的問題も大きな課題ですが、年月をかけひとつひとつ大切に、気に入った物を集めて、自分のドールハウスを作る楽しみは、日々、大きなものとなりますし、大人の遊びの醍醐味につながるかもしれません。

（文責：中村和子）

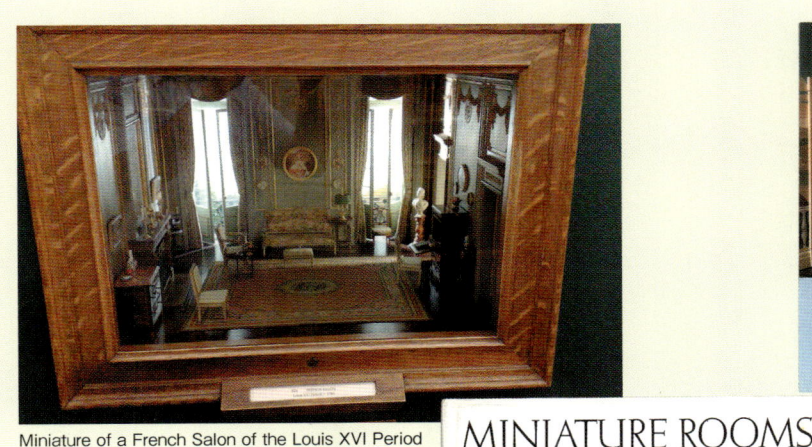

Miniature of a French Salon of the Louis XVI Period - The Thorne rooms - Art Institute of Chicago
Giovanni-P撮影、2008年

Miniature Rooms: The Thorne Rooms at the Art Institute of Chicago
著者:Kathleen Aguilar, Michael Abramson, Fannia Weingartner
出版社:Abbeville Press
発売日:1984年3月

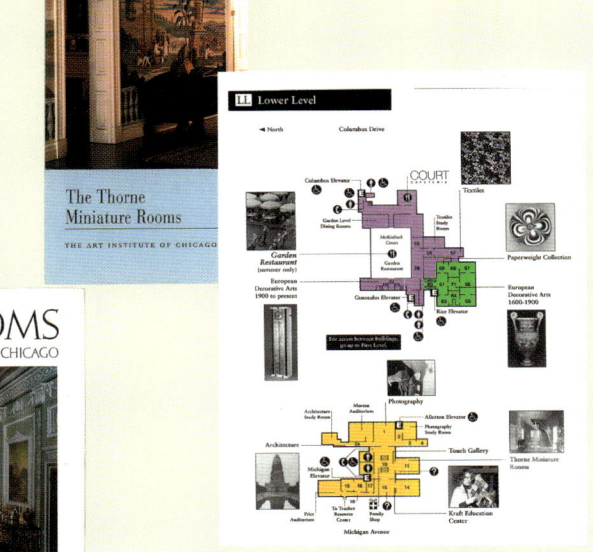

現物は、アメリカのシカゴ美術館に68点所蔵され、同国のそのほかの美術館にもいくつか所蔵されているようです。

International Guild of Miniature Artisans, LTD [I.G.M.A.]

≪国際ミニチュア作家協会≫

http://www.igma.org/

世界最大にして最も権威あるミニチュア団体のひとつが国際ミニチュア作家協会[I.G.M.A.]です。アメリカに本部を置き、ショーの開催はもちろん、規格の統一や優秀なアーティザンの育成、認定など、ミニチュア界に与えた影響は計り知れません。ここではそのI.G.M.A.についてご紹介します。

1970年代前半、ミニチュアがホビーとして再び注目を集めるようになります。アメリカでも西海岸から流行の波がはじまり、あっという間に米国全土に広がりました。さらにいくつかのミニチュアショーも開催されるようになり、ホビーからビジネスへと市場が広がっていきました。また、ホビーからビジネスへと発展していく過程で、ミニチュア全体のクオリティの向上が、必然的に職人にも委ねられるようになっていきます。そして、これらの諸事情が団体の形成を後押しする事になるのです。

職人に優れた技を紹介また奨励し、縮尺(1/12サイズ)の統一を促し、活動の場も提供しなければなりません。そしてそれらを必要とする方々の為に19名の有志が発起人となり、1978年に「I.G.M.A.」(国際ミニチュア作家協会)が設立されました。

そしてすぐ翌年には自らが主催するミニチュアショーを開催し、順調な発展を遂げていきます。その後、技術の奨励と人々への啓蒙を目的とし、「Castine Workshop」を立ち上げます。これが現在のGuild School(ギルドスクール)であり、すぐれた講師陣と大勢のボランティアスタッフに支えられ、合宿タイプの大掛かりな講習会が実現しています。毎年大勢のミニチュア愛好者がこれに参加し、何人もの優秀な作り手を世に送り出しています。

さらに職人の技術向上のため、Artisan(アーティザン)Fellow(フェロー)と称するライセンスの発行、そしてミニチュア界への貢献者に対するThe Don Buttfieldの称号を設けて、ミニチュア界を支え、世界のミニチュアリストの最大の団体として貢献しています。

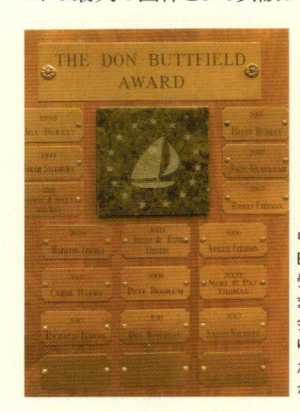

中村氏を含むDon Buttfield アワード受賞者の名前が刻まれた楯。これは協会に保管されており、受賞者の栄誉をたたえるため公開されています。

GUILD SCHOOL (ギルドスクール)

1980年に技術の啓蒙と、楽しむための場を提供する事を掲げたセミナーがCASTINE(メイン州)で開催され、1982年より、正式にGUILD SCHOOLとして現在まで続いています。会員は、約1週間の日程で、ミニチュア三昧の日々を送る事が出来ます。12、24、36、48時間の各コースの講座を各自選択の上受講します。3度の食事から、セール、オークション、レクチャーと目白押しの日程を現在は世界中といっても良いほどに多くの人々が一堂に集い楽しみます。

このスクールを一身にコントロールしているのがMrs. Barbara Davisです。彼女自身が家具のアーチザンでもあり、ミニチュアのコレクターでもありますが、広い視野と公平な判断力、何よりも素晴らしい人柄で1999年より校長職を担っています。このスクールは日本のジャパンギルドとも深い友好で結ばれ、日本から2年に一度、奨学生の招致を提供されています。

ギルドスクール開催地のメインホールです。スクールの授業以外のイベントも全てここで行われます。

Mrs.Barbara Davis

I.G.M.A.が所属の作家に協力を求めて完成させた"The 5 Elemental Style BOX"と呼ばれる部屋のひとつ。それぞれに特徴があります。

I.G.M.A.スクールのオープニングパーティー。テラスで軽食と、食前酒で各々親交を深め紹介が済んだ後、スクールの建物の中に入って夕食会が始まります。

世界のミニチュアショー

欧米、特にアメリカでのミニチュアショーの発展は目覚ましく、特に半世紀前の大きな流れの中で、作り手たちが一堂に会すショーの形が小さい規模ながら登場していきました。いろいろな変遷の中で、ショー自体の主催者が変わりながらも目的は変わることなく引き継がれています。普及と売買を目的にしていましたが次第にマーケットの意味合いが大きくなっていきます。

1.シカゴ・インターナショナル・ショー
[Chicago International Show]

【場所】米国・イリノイ州・シカゴ
【開催時期】毎年4月初旬〜中旬の金、土、日曜日
【特色】毎年各国からのミニチュアのディーラー(作家、業者)が一堂集まり、開催されるショー。現在、最も国際色豊かで、出展者数、観客数とも最大といわれます。
【歴史】開催当初は"The Seven Deadly Sins"という名のショーで、各作家が各部屋で展示即売をするという形から始まります。23年前にショー・プロモーターのTom Bishop氏に引き継がれ、今日最大といわれるショーに発展しました。そのきっかけのひとつが、参加する作家達がいみじくも自分を取り上げたミニチュア雑誌に、このショーを紹介する形で掲載されたことです。当初は厳選されたミニチュア作家達の参加を主としてショーの開催を支え、今日、国際[International]を前面に出すことでグレードそのものよりも、国際色豊かである事が特色になりつつあります。規模からいっても最大であり、誰もが楽しめるショーといえます。

2.フィラデルフィア・ショー
[Philadelphia Miniaturia]

【場所】米国・ニュージャージー州・フィラデルフィア
【開催時期】毎年11月初旬〜中旬の金、土、日曜日
【特色】米国、東海岸におけるもっとも古いショーで、大きな規模にもかかわらず、家庭的な雰囲気でコンスタントな開催が続いています。直接ミニチュアにかかわる人の手によって開催される事で、作り手にも、買い手にも優しい時間が提供されています。
【歴史】Pat Bauder女史とFrank Moroz氏によって46年前に開催されました。コレクターであったPat女史がミニチュアのグレードに重きを置いた作家達の参加を奨励したといわれています。Pat女史の急死により、ショーの開催が危ぶまれましたが、家族とそれを支える人々によって、無事受け継がれ今日に至っています。

3.ギルド・ショー
[Guild Show]

【場所】米国・ニュージャージー州・ティーネック
【開催時期】毎年8月初旬の土、日曜日
【特色】かつては他のショーを圧倒して技術的に優れたミニチュアがそろうショーであり、I.G.M.A.の優れた、名だたる作家の作品が見られる、買えるというショーポジションでした。しかしながら、非営利団体の作家協会が主催するというショーであるため、Topの交代等に伴う方針の変化、場所の選択等に賛同が得られず、現在は苦しいショー運営を余儀なくされています。ただしこの団体の方針は世界的に多くの支持を得て、活動そのものは大きく成長しています。
【歴史】1970年代に入るとドールハウスが多くの人々の間で楽しまれるようになり、グレードに拘った作家たちが、活動の場を求めて非営利団体のI.G.M.A.を立ち上げます。その一環として35年前に開催したのがこのショーです。優れたミニチュア作品は、多くの感動を呼び、コレクターの出現・成長に大きな影響を与えました。かつては「技術のギルド・ショー」と呼ばれ、名だたるコレクターが顔をそろえるショーでした。しかし、協会の運営上より多くの、また大きな意味でのミニチュアワークとして主旨の変更をせざるを得なく、さらに、当初ステイタスと、観光の意味合いを兼ねてニューヨーク市内での開催をしていましたが、諸事情、中でもディラーの経費の高額さに不評が続きニューヨーク郊外に場所を移しました。近年は、開催場所と時期の統一がとれない事もマイナスとなり苦戦を続けています。

4.グッド・サム・ショー
[Good Sam Show]

【場所】米国・カリフォルニア州・サンノゼ
【開催時期】毎年10月中旬
【特色】西海岸における大きなミニチュアショーのひとつで、現在、広範に充実してきているショーと言われています。さまざまなショーが開催されては淘汰されつつある中で注目のショーです。参加者全員が楽しんでいると言われるほど、フレンドリーなショーであることも特筆すべき点です。
【歴史】作り手と買い手の需要と供給から生まれたショーといわれています。もともと、西海岸にはドールハウスや、ミニチュア愛好家が多く[NAME]という愛好団体が生まれるなど、関心が大きい地域でした。今年で39回目を迎え、ほかの西海岸のショーが苦戦を強いられていく中で安定した評価を得ています。

5.KDS・ショー
[Kensington Dolls house Show]

【場所】英国・ロンドン
【開催時期】毎年5月中旬 土、日曜日
11月後半〜12月前半は小規模なクリスマスショーも開催
【特色】英国のお国柄らしいミニチュアが多く、英国の伝統的な食器や毛糸の編み物が多いことも大きな特色と言えるでしょう。近年は、コレクター向けのものを制作する英国作家の高齢化に伴い、このショーでのみ出展されるアイテムもあります。
【歴史】1985年Carol Hamilton女史とSue Atkinson女史によって開催されました。当初は、子供の遊具ではないという謳い文句のもと、ハイクオリティーアイテムとドールズハウスを対象に95%が手作りというクラフトマンシップに則ったミニチュアで占められました。それにより世界中からコレクターが英国入りしたと言われています。後年、主催者がかわり、2006年には新しい視点を導入するべく子供の参加するブースや、作る事を対象にDIYに伴う商品や、簡単なKITを推奨してワークショップを積極的に開催しています。又、お国柄かクリスマス用の小さなショーも開催しています。

6.その他のショー

欧州においては、近年、スペインのショーの発展がめざましく、イタリア、フランスのショーも充実しつつあります。

7.ジャパン・ギルド・ショー
[JAPAN Miature Show]

【場所】日本・東京　都立産業貿易センター
【開催時期】毎年11月中旬〜下旬 土、日曜日
【特色】日本でまだドールハウスやミニチュアの意味が理解されない時期から、協会一丸となって世界の中でのポジション作りを目標としていました。米国、IGMAとの友好関係を維持し、外国人ディーラーの参加を積極的に進め、日本のミニチュアを世界共通のレベルに並べる事を主体としています。
【歴史】15年前に、7人の理事により創立された非営利の団体が開催するショーとして始まりました。日本ではまだなじみの薄いミニチュアの世界を広く浸透させ、成長させることに大きな役割を果たしています。近年では参加する多くの作家のレベルも著しく成長し、世界のコレクター、ショー関係者からも注目されています。

ギルド・ショー パンフレット

ギルド・ショー

シカゴ・ショー

シカゴ・ショー パンフレット

フィラデルフィア・ショー

フィラデルフィア・ショー パンフレット

ジャパンギルド
≪日本ミニチュア作家協会≫

http://www.japan-guild.org/

ジャパンギルドミニチュアショーの模様（開催場所はWebサイトを参照）。ミニチュアの販売だけでなく、フリーレクチャータイムなども設けられています。

最近では日本のミニチュア作家のレベルも向上してきており、世界中のミニチュア愛好家に注目されるまでになりました。

ヨーロッパで発祥し、アメリカが牽引するミニチュア界ですが、日本で楽しむにはどうすればいいか。そのひとつの答えがさまざまなサポートを受けることができる協会に所属するという方法です。中村氏も設立に携わった、日本ミニチュア作家協会（ジャパンギルド）をここではご紹介します。

　欧米では1970年代に大きな流れのあったミニチュアの世界ですが、日本ではまだ一部の好事家に知られるだけのマイナーな趣味でした。日本のミニチュアファンは海外のイベントに参加しなければ何ら、情報を得ることが出来ず、小さな世界の中でもがいていました。

　このような状況に対して、有志が集まり非営利団体として2000年に設立されたのが日本ミニチュア作家協会（以下ジャパンギルド）です。その理念は、広くミニチュアの素晴らしさを衆知し、発展及び永続を計り、会員相互の扶助を目的としています。ジャパンギルドは、ミニチュア作家、コレクター、ディーラー、そしてミニチュアに興味を持つ初心者まで、誰もが自由に会員になることができ、会員各自の独自性を尊重しつつも、国内のみならず国際的な交流を求めながら「アート」の領域を十分に担うことができる、ハイクオリティーな作品を追求することを目標としています。

　協会の特徴としての国際ミニチュア作家協会（以下I.G.M.A.）との深い友好関係が創設時より続いています。ミニチュア作家をアーティザンと呼称するのも、プロフェッショナリズムと芸術性の両立を理念とするI.G.M.A.への共感からにほかなりません。また、ショーとスクールを両輪としてミニチュアの普及と技術向上に努めるスタイルもI.G.M.Aに範をとったものです。

　ジャパンギルドの具体的な活動としては、会員に年3回ほど配布される会報誌「ジャパンギルド・タイムズ」の発行、東京、大阪など

発刊に寄せて
「作家として、JG会長として、思うこと」
〜ジャパンギルド会長　木村浩之〜

　時が経つのは早いもので、私が老舗洋品店の跡継ぎという立場からこの仕事に転換して20年近い歳月が流れました。景気の波に飲まれ半世紀続いた店も立ちゆかなくなり、形はどうあれ店の「暖簾」だけは残して欲しいという父の言葉から、それまで物づくりを趣味としていた経緯もあって、当時流行っていたドールハウスのショップを立ち上げました。仕入れた物を売るだけの商売に限界を感じていた自分にとって、正に理想の仕事に思えたのです。

　最初はとにかく「店を軌道に乗せること」、これだけを目標にあちこち仕入先を開拓し、商品の見本などからはじまり、無我夢中でいろいろなものを作り続けました。そして教室……、自称「ドールハウスの先生」からはじまり、やがてカルチャーセンターの講師、継続の教室から単発の教室まで。もちろん店の経営も疎かにできません。店内に設けてある展示スペースを使って年2回、自分たちや生徒さんの作品はもちろんのこと、お客様もお誘いしてドールハウス＆ミニチュアの作品展を開催。とにかく「店」の宣伝にな

ることはなんでもやりました。

　ショップを立ち上げてからしばらくは珍しさも相まってか、順風満帆と思えるくらい幸先のよいスタートでしたが、それもあまり長くは続きませんでした。じょじょに流行も下火となり、火付けの立役者であったドールハウスの季刊誌も廃刊となり、出だしの好調さがまるでうそのように商売の難しさを改めて思い知らされたのです。しかしあれこれ悩んだからといってどうなるものでもありません。考え抜いたあげく、これまで培ってきた知識と経験をもとに、私たち夫婦（夫人はミニチュア工芸の美海きょうこ氏）は作家として歩むことを決意しました。

　その後も山あり谷ありの連続で、こんにちに至るまでずいぶん遠回りもしたと思います。そのなかでまずI.G.M.Aとの出会いが私たちを大きく変えました。1998年、単身で渡米し初めてI.G.M.Aショーを見たとき、そこで目にしたすばらしい作品の数々に圧倒され、いたたまれない思いでその場をすごしたことは今でも忘れられません。美しさ、優雅さ、緻密さ……、どれをとっても私たちの作るものなど遠く及ばず、「常に謙虚であれ」と務めていたはずが、いっぱしの作家を気取り、井の中の蛙でしかなかった自分をずいぶんと恥じたものです。帰国後この現実を家内に報告し、ふたりで話し

ジャパンギルドの講習会の様子。会員たちが一堂に会し、同じキットを組み立てることで、それぞれのミニチュア技術の習得と向上をはかります。

ミニチュア家具を製作するための材料と道具。複雑な工程や特殊な道具はあまり必要ありません。正しい手順で根気よく進めれば、誰でも完成させることができます。

で行われるジャパンギルドミニチュアショーの開催、運営、ジャパンギルド認定作家（アーティザン）指導のもとに、作品を仕上げる目的で開かれる各地区講習会、優れた技術を持つ会員をアーティザン会員と認定する為の審査、又、役員、作家会員、一般会員の交流及び親睦を深める場所として、各ショー開催時に開かれる親睦会などが挙げられます。ミニチュア技術を学ぶことのできる講座については、横浜、大阪、仙台で受講することができ、これらについての情報はジャパンギルドの公式ホームページにて確認することができます。このように会員は、作る、観る、買うといったミニチュアの楽しみを包括し、その趣味を発展させるさまざまな支援を受けることができます。

また現在、世界のミニチュア界を牽引するアメリカに本部を置く、I.G.M.A.との関係性については前述の通りですが、I.G.M.Aショー開催時にも出展等で、活動を支え合います。また、最も先進的なミニチュアクリエイターの一角である、I.G.M.A.所属のアーティザンに教えを乞うI.G.M.A.スクールへは、特別優待生制度を結び、会員の参加援助など日本のミニチュア界の発展のためのたゆまぬ努力を続けています。また近年は、このスクールでは、日本人アーティザンがインストラクターとして招致され活躍しています。

このほか、海外ミニチュアミュージアムとの交流も積極的に行なわれています。

I.G.M.A.で開催されるイベントなどにはジャパンギルドからも多数の作家が出席。海外のミニチュア作家同士の交流も盛んに行なわれ、技術向上に大きく役に立っている。

ジャパンギルド2015年 主なスケジュール

5月16日(土)～17日(日)
第11回ジャパンギルド・ミニチュアショー in OSAKA
大阪／千里中央　朝日阪急ビル4F　A&Hホール

11月7日(土)～8日(日)
第16回ジャパンギルド・ミニチュアショー in TOKYO
東京／都立産業貿易センタービル
※浜松館改装期間中は台東館で開催

ほかにも協会主催の講習会を予定。ショーや講習会の詳細、入会の御案内などはジャパンギルドの公式Webサイトを参照のこと

合い、自分たちの未熟なところ、足りないところを今一度客観的に見つめなおし再スタートを誓いました。それからまもなくジャパンギルドと出会い素晴らしい仲間にも恵まれ、そして役員として関わるなかで実に多くのことを学びました。ここ14年間はシカゴで開催される世界最大のミニチュアショーや、I.G.M.A.主催のショーにも出展し、第一線の環境に身を置くことで心身ともに鍛えられました。

今日、先人たちを含め、この世界に携わる大勢の方々の努力が実を結び、ドールハウス&ミニチュアが再び注目を集め、たくさんの作り手やファンが生まれて来ています。これは本当に喜ばしいことです。ジャパンギルドに籍を置く作家の方々も年々力を付け、世界的にも評価されるまでになってきました。もちろんそれ以外でもすばらしい作り手が育って来ています。この世界を一過性の趣味として終わらせず、私たちを含め、今を支える作家の方々はもちろん、これから生まれてくる次世代を担う作家の方々が、現状に満足することなくミニチュアを歴史から学んだ上で技術や感性を磨き、焦らず堅実に精進し続けることで、ひとつの日本の文化として末永く後世に残るものと私は信じています。このすばらしいミニチュアの世界がより多くの人々に伝わることを切に願います。

木村浩之
Hiroyuki KIMURA

ミニチュア工芸作家
ジャパンギルド（日本ミニチュア作家協会）
会長／アーティザン
I.G.M.A.（国際ミニチュア作家協会）
フェロー
アトリエ・キム主宰
ドールハウスKIMURA代表

1998年　国際ミニチュア作家協会I.G.M.A.会員、2000年5月に同協会よりアーティザン（職人）会員の認定を受ける。
2000年　日本ミニチュア作家協会JGアーティザン会員。
2001年　日本ミニチュア作家協会JG役員就任
2003年3月　国際ミニチュア作家協会I.G.M.A.より、日本人として初めてフェロー会員（I.G.M.A.最高位）の認定を受ける。
現在は夫人の美海きょうこ氏と共に、ミニチュアプランツの制作を中心とし、アメリカ、日本のショーをメインに博物館の企画展などで活動中。活動名はHiroyuki & Kyoko。米「Toy & Miniature Museum of Kansas City」に作品多数展示。

中村和子ヒストリー
〜ミニチュアとの歩み〜

本書では、中村氏が所蔵するコレクション="もの"を追ってきましたが、最後に、中村氏という"ひと"について注目してみます。始まりは趣味でしたが、真摯に技術を磨き知識を蓄え、そしてなによりも、積極的に人との交流を広げていったことで、より広く深くミニチュアを楽しむことができるようになっていった過程が見て取れることでしょう

1950年
誕生

1959年
ドールハウスと出会う

父の転勤先のブラジルでブリキ製のドールハウスを手に入れた。その品は帰国時に譲ってしまったため、現在は写真しか残っていない。

1983年〜
独学でミニチュアの製作を開始する

ご主人の転勤をきっかけに、余暇の趣味としてミニチュアの制作を始める。NAME（National Association of Miniature Enthusiasts）とコンタクトをとるなどしながらの、独学での学習だった。

1983年当時の作品

1988年ごろ制作

2012年制作

1988年ごろ独学で作ったパンバスケットと、比較的最近作ったものを比較。本人いわく「あまり進歩していないかも（笑）」とのこと。

1984年〜1988年
二人展、個展を開催する

1984年と1985年に、陶芸家の妹さんとともに静岡で二人展を開催。1987年と1988年には大阪でミニチュアの個展を開催し、新聞で取り上げられる等の反響を得た。

「キレイに」が基準だったドールハウスを「汚す」手法をいち早く導入

1990年〜
ミニチュアやドールハウスの指導を開始する

デパートでの展示会

I.G.M.A.スクールにて

1991年ごろ〜
海外でのセミナーを通じて、海外作家たちとの交流がはじまる

◆College of miniature knowledgeでミニチュアを学ぶ

1991年〜1994年にかけ、アメリカのCollege of miniature knowledgeで、Noral Olson氏やPhyllis Tucker氏の指導を受ける。両氏とはその後、プライベートレッスンを受けたり、家族ぐるみでつきあうなど、個人的な親交を深めていく。また、この時期に多大なる恩恵を受けた人物として、Kay Fisher氏やHope Klein氏などが挙げられる。

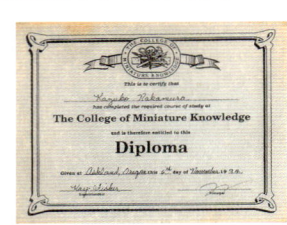

College of miniature knowledgeは、1回1週間のセミナーを年1回受け、4年間で卒業となる。

◆のちの運命を左右するティーセットとの出会い

Obadiah Fishe氏制作のティーセットと出会い、ひと目ぼれする。その際、当時の所有者だったPhyllis Tucker氏に、「この品に似合う家具を作ることができれば譲る」という条件を提示され、家具作家のNoral Olson氏に師事。家具を作り上げてティーセットを手に入れると同時に、自分自身の専門分野を家具に決めた。このことが、以降の中村氏のミニチュア人生に大きく影響する。

◆I.G.M.A.のギルドスクールに参加、海外作家との人脈が広がる

College of miniature knowledgeの卒業後、Noral Olson氏の誘いでI.G.M.A.のギルドスクールに参加。このとき、講師だったWm.R.Robertson (Bill Robertson)氏やAnnelle Ferguson氏、Geoffry Wonnacott氏らと知り合い、個人的な交流へと発展する。このことが、のちに日本で開催される制作講習会に彼らを講師として招くことにつながった。

Phyllis Tucker氏と

ホームステイでお世話になった"Mama Hope"

College of miniature knowledgeにて主宰のKay Fisher氏と

Olson氏夫妻、Kay Fisher氏と

1996年
国際ミニチュア作家協会[I.G.M.A.]よりARTISANの認定を受ける

ARTISANの資格は専門分野ごとに分かれており、それぞれで試験を受けて合格する必要がある。中村氏は家具で認定を受け、当時の日本人としては2人目、日本女性としては初の合格者となった。

中村氏が制作した家具

2002年
I.G.M.A.の講師を務める

2014年～
一線を退くが日本ミニチュア界の発展に寄与する

長年務めたジャパンギルド役員を辞することとなったが、今後もマイペースで日本ミニチュア界の発展に尽くしていくとのこと

語りつくせない思い出の一部

最後に、この年表に載せきれなかった思い出の場面や知り合った方々などをコラージュして掲載。なかには、世界のミニチュアや文化を見るために行った海外旅行写真のほか、Ferd Soblo氏やNoel & Pat Thomas氏といった方々の姿も……。これでもまだごく一部だそうで、中村氏のミニチュア人生の濃さや交友関係の広さをうかがい知ることができる。

2000年～
日本ミニチュア作家協会[ジャパンギルド]の発足・運営に携わる

日本人作家の技術向上と日本ミニチュア界の発展を図るため、ジャパンギルドの設立に深く関わる。この活動を通じて国内の多くの作家やミニチュア愛好家とも交流し、人脈を広げていった。

中村氏ほか創成期メンバーの理念を引き継ぎ、現在、ジャパンギルド会長を務めている木村浩之氏と。

協会が発足した2000年に、ジャパンギルドが主催するショーの第1回を開催。以来、毎年、国内外を問わず多くの作家が集っている。

2012年～
I.G.M.A.よりThe Don Buttfield Awardを授与される

ミニチュア界に貢献した人物に贈られる賞で、日本人では初となる。I.G.M.A.スクールとJMAG間の奨学金制度の確立、日本ミニチュア界とアメリカとの橋渡しやケア等が評価された。

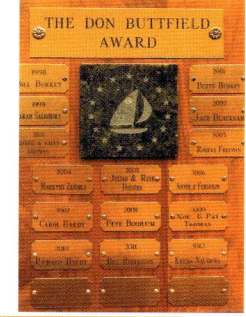

受賞の喜びを、すべて英語でスピーチ

Buttfield氏ご子息ならびにRobertson氏と

現在

Ⓐケンタッキー旅行中、Scott氏と。Ⓑ'08年Robertoson氏の講習後。Ⓒ中村氏のお孫さんとTucker氏。Ⓓcollege of Miniature Knowlegeのセミナー。ⒺI.G.M.A.ショー。Maggy氏と。ⒻSobl氏と彼のご自宅前。ⒼHope氏に依頼された日本人形講座。ⒽP84の絵画を描いたAdams氏と。ⒾP36のWonnacott氏の講習後。Ⓙ Olsor氏を招いた日本での講座。Ⓚ'88年。初のミニチュア目的の米国旅行。Ⓛお元気だったころのFisher氏。Ⓜ'96年。Noel&Pat Thomas氏の講座。Ⓝギルドスクール講座の修了証。

Miniature World
ミニチュアワールド
The world of miniature artisans
〜中村和子の世界〜

発行日	2015年4月23日　初版　第1刷
構成・文	出口裕子
デザイン・装丁	遠山香織(akanesus)
英訳(中村和子メッセージ)	南部龍太郎
撮影	勅使河原真(株式会社インタニヤ)
編集	永田洋子
	石塚真
編集協力	田中尚道(株式会社クリエンタ)
Special Thanks	ジャパンギルド(日本ミニチュア作家協会)
	I.G.M.A.(国際ミニチュア作家協会)
	木村浩之
	美海きょうこ
	望月保延(有限会社プラッツ代表取締役)
	Scott Winfried Hughes
監修	中村和子
発行人	小川光二
発行所	株式会社　大日本絵画
	〒101-0054　東京都千代田区神田錦町1丁目7番地
	TEL.03-3294-7861(代表)
	http://www.kaiga.co.jp
編集人	市村 弘
企画／編集	株式会社アートボックス
	〒101-0054　東京都千代田区神田錦町1丁目7番地　錦町一丁目ビル4階
	TEL.03-6820-7000(代表)
	http://www.modelkasten.com/
印刷／製本	図書印刷株式会社

© 2015 株式会社 大日本絵画
本誌掲載の写真、図版、記事の無断転載を禁止します。
定価はカバーに表示してあります。

ISBN978-4-499-23155-8

内容に関するお問合わせ先：03(6820)7000　(株)アートボックス
販売に関するお問合わせ先：03(3294)7861　(株)大日本絵画

Publisher/Dainippon Kaiga Co., Ltd.
Kanda Nishiki-cho 1-7, Chiyoda-ku, Tokyo 101-0054 Japan
Phone 03-3294-7861
Dainippon Kaiga URL; http://www.kaiga.co.jp
Editor/Artbox Co., Ltd.
Nishiki-cho 1-chome bldg., 4th Floor, Kanda
Nishiki-cho 1-7, Chiyoda-ku, Tokyo 101-0054 Japan
Phone 03-6820-7000
Artbox URL; http://www.modelkasten.com/